Cómo ser padres Cristianos exitosos

Cómo ser padres Cristianos exitosos

John MacArthur

PORTAVOZ

La misión de *Editorial Portavoz* consiste en proporcionar productos de calidad —con integridad y excelencia—, desde una perspectiva bíblica y confiable, que animen a las personas a conocer y servir a Jesucristo.

Título del original: *Successful Christian Parenting*, © 1998 por John MacArthur, y publicado por Word Publishing, una división de Thomas Nelson Inc., P.O. Box 141000, Nashville, Tennessee 37214.

Edición en castellano: *Cómo ser padres cristianos exitosos*, © 2000 por John MacArthur, y publicado por Editorial Portavoz, Grand Rapids, Michigan 49501. Todos los derechos reservados.

Traducción: Santiago Escuain

EDITORIAL PORTAVOZ
P.O. Box 2607
Grand Rapids, Michigan 49501 USA

Visítenos en: www.portavoz.com

ISBN 978-0-8254-1492-3

7 8 9 10 11 edición / año 16 15 14 13 12

Impreso en los Estados Unidos de América
Printed in the United States of America

A mis amados nietos,
cuyos padres los están ya criando
en la disciplina y amonestación del Señor.
Que ninguno de ellos se aparte del camino.
—PROVERBIOS 22:6

ÍNDICE

ÍNDICE

INTRODUCCIÓN

ᏋᎦᏁ ᎦᏯ

HACE CASI DOS DÉCADAS prediqué una serie de sermones titulados "La familia cabal". Aquel breve estudio sobre Efesios 5 ha resultado ser de lejos la serie de sermones más popular que jamás haya yo predicado. Constituyó la base de uno de mis primeros libros, *The Family* [La familia],[1] y una serie de videos que siguió. Hemos radiado esos sermones originales varias veces a lo largo de los años en el programa radiofónico "*Grace to You*" (Gracia para ti), y nunca dejan de suscitar un gran número de respuestas.

Una gran parte de estas respuestas la recibimos en forma de cartas de padres que desean una ayuda más específica acerca de cuestiones que tienen que ver con la crianza de los hijos. Aquí es donde el criterio bíblico para la vida se hace más práctico y apremiante. Los padres cristianos no quieren fracasar en su intento de criar a sus hijos en la disciplina y amonestación del Señor, pero los posibles tropiezos pueden llegar a parecer abrumadores. Un padre joven me escribía recientemente:

> Estoy buscando *ayuda bíblica* para criar a mis hijos. No solo consejos desde una perspectiva cristiana, no simplemente una psicología infantil recocida y presentada con una terminología "cristiana", sino unas líneas maestras sólidamente bíblicas para la crianza de los hijos.
>
> Me parece que los *mandamientos* específicos a los padres en la Biblia pueden escribirse en media hoja de papel. Pero estoy seguro de que hay también en las Escrituras unos *principios* que enseñan a

9

los padres cómo criar a sus niños. Sencillamente, encuentro difícil dilucidar cuáles son los "principios" verdaderamente bíblicos y cuáles no. He estado buscando libros para la crianza de los niños en la librería cristiana. Había mucho para escoger, pero me doy cuenta de que están salpicados de frases como "el sentido de propia valía de tu hijo"; "el impulso de la propia inclinación"; "síndrome de déficit de atención", y cosas semejantes. ¿Cuánto de esto es verdaderamente bíblico, y cuánto ha sido tomado de la psicología infantil secular? Veo muy poco en esos libros que realmente se fundamente en las Escrituras.

Mi esposa y yo apenas hemos salido de nuestra adolescencia, y ahora nos vemos abocados a la responsabilidad de instruir a nuestro niño en el camino en que debería andar. No me siento realmente preparado para una tarea así. ¿Me podría recomendar algunos recursos que nos sirvan de ayuda?

Recuerdo de manera vívida cuando nuestro hijo mayor nació cuál fue el repentino *sentimiento* del enorme peso de responsabilidad que viene con la paternidad. Mis propios hijos ya son adultos ahora, y ellos mismos se han embarcado a la aventura de criar a sus propios hijos. Es un gozo verles comenzar a criar a sus pequeños en la disciplina y amonestación del Señor. Al contemplar a mis propios nietos comenzando su crecimiento me acuerdo a menudo de lo exigente que es la tarea de la crianza de los hijos, no solo para padres jóvenes que se inician en ello, sino a menudo incluso más para los padres de adolescentes y de adultos jóvenes.

Puedo también comprender el aturdimiento del joven padre acabado de citar al considerar las diversas opciones que se presentan actualmente como "crianza cristiana de los hijos". El mercado está inundado de enfoques dudosos o directamente erróneos acerca de la crianza de los hijos. Nos vemos con un alud de ayudas pretendidamente "cristianas" para la crianza de los hijos, pero los recursos verdaderamente *bíblicos* son bien escasos.

Mientras, las familias cristianas se están autodestruyendo. En tanto que la sociedad se ha hundido más y más en el pantano del humanismo y del secularismo, la iglesia ha fracasado con frecuencia y ha sido negligente al no enfrentarse a esta peligrosa marea. Desdichadamente, el efecto del extendido espíritu mundano y de la contemporización en la iglesia está teniendo efectos en las familias cristianas.

Estamos ante una grave crisis. La familia es la célula básica de la civilización, y puede que estemos contemplando su agonía. Los medios de comunicación nos lo están exhibiendo constantemente: el divorcio, la revolución sexual, el aborto, la esterilización, la delincuencia, la infidelidad, la homosexualidad, la liberación de la mujer, los derechos de los niños, la glorificación de la rebelión.

Mientras, la sociedad secular, y en ocasiones incluso los gobiernos, parecen lanzados a redefinir y trastornar la idea misma de la familia. Matrimonios con componentes del mismo sexo, parejas homosexuales que adoptan hijos, el concepto de la aldea global, y otros enfoques radicales de la vida familiar, en realidad minan la familia mientras que emplean el lenguaje de los valores familiares. Los políticos parecen más y más decididos a usurpar el papel de los padres. Y los padres parecen más y más dispuestos a ceder su papel a otros.

Este no es un libro sobre psicología infantil. Es diferente de los enfoques pragmáticos o formularios de la paternidad y de la vida de familia. No propongo un nuevo *método*. En lugar de ello, mi meta es presentar los principios *bíblicos* de la crianza de los hijos con la mayor claridad posible, y ayudar a presentar el sentido de los deberes de los padres ante Dios. Estoy convencido de que si los padres cristianos comprenden y aplican los sencillos principios que exponen las Escrituras, pueden elevarse por encima de las tendencias de la sociedad secular y criar a sus hijos de una manera que honre a Cristo, en cualquier cultura y sean cuales sean las circunstancias en que se encuentren.

UNO

❧

Sombra para nuestros hijos

Criadlos en disciplina y amonestación del Señor.
—EFESIOS 6:4

Dice un viejo proverbio chino: "Una generación planta los árboles, y la siguiente goza de la sombra". Nuestra generación vive a la sombra de muchos árboles que plantaron nuestros antecesores.

En términos espirituales, recibimos la sombra de las normas éticas de nuestros padres y abuelos, de sus percepciones sobre lo bueno y lo malo, de su sentido del deber moral, y, por encima de todo, de su compromiso espiritual. Sus ideales determinaron la clase de civilización que hemos heredado de ellos, y los ideales de nuestra generación moldearán de la misma manera la cultura del mañana para nuestros hijos.

No cabe duda de que la sociedad como un todo está en un grave estado de decadencia moral y espiritual. De modo que la cuestión a la que hacen frente los padres cristianos en la actualidad es si podemos plantar algunos árboles que den sombra a las futuras generaciones de lo que bien puede que sea el calor sofocante de unos valores anticristianos en un mundo anticristiano. ¿Estamos plantando la clase adecuada de árboles de sombra, o vamos a dejar a nuestros hijos totalmente a la intemperie?

LA ROTURA DE LA SOCIEDAD MODERNA

Debería ser evidente para todo aquel que tenga algún apego a la verdad de las Escrituras que nuestra cultura como un todo se está desintegrando rápidamente en lo moral, en lo ético y, por encima de todo, en lo espiritual. Los valores que nuestra sociedad abraza en conjunto chocan directamente con el orden divino.

Por ejemplo, el sistema judicial americano y occidental en general dan su aprobación a la masacre al por mayor de millones de niños no nacidos cada año, y, en cambio, un tribunal de Kansas City sentenció recientemente a una mujer a cuatro meses de arresto por matar una camada de gatos no deseados.[1] Un tribunal en Janesville, Wisconsin, sentenció a un hombre a doce años de cárcel por matar a cinco gatos "para aliviar su tensión".[2] Aquel caso era desde luego un ejemplo abominable de crueldad a los animales. Pero dos días después que aquel hombre comenzó a cumplir su sentencia de doce años, un tribunal de Delaware sentenció a una mujer a solo treinta meses de prisión por matar a su hijo recién nacido. La mujer había tirado al recién nacido desde una ventana de un tercer piso de un hotel a un cubo de basura que estaba en el callejón de la parte de abajo. El bebé tenía todavía con el cordón umbilical. La evidencia mostró que el bebé estaba vivo cuando fue tirado por la ventana, pero que murió debido a la exposición, al abandono y a unas extensas fracturas del cráneo.[3]

Es evidente que nuestra sociedad, en general, ya no cree que los humanos están hechos a imagen de Dios, muy diferentes a los animales.

De hecho, la creciente popularidad del movimiento de los derechos de los animales ilustra a la perfección lo lejos que se ha apartado nuestra sociedad de su anclaje en los principios bíblicos. Al ir creciendo este movimiento hacia una popularidad sin precedentes, se va volviendo más y más radical, y más y más declarado en contra de la perspectiva bíblica de la humanidad. Ingrid Newkirk, fundadora de *People for the Ethical Treatment of Animals* [Asociación para el Trato Ético a los Animales] (PETA), dice: "No hay base racional alguna para decir que un ser humano tenga derechos especiales. Cuando se trata de tener un sistema nervioso central, y la capacidad de sentir dolor, hambre y sed, una rata es semejante a un cerdo; un cerdo a un perro; y un perro a un niño".[4] Newkirk no ve diferencia alguna entre las atrocidades de la Segunda Guerra Mundial y matar animales para el alimento. "Seis millones de judíos murieron en campos de concentración, pero seis *mil millones* de pollos para asar morirán este año en mataderos".[5]

Estas ideas están consiguiendo una creciente y extensa aprobación en la sociedad en general. Algunas de las personalidades más célebres y respetadas de nuestra cultura repiten irreflexivamente estas mismas palabras, generalmente bajo el ropaje de la compasión. Pero esta distorsionada perspectiva de la "bondad" a los animales pronto se transforma en una endurecida crueldad para con las criaturas hechas a imagen de Dios. El inevitable efecto que esta manera de pensar tendrá en el legado que los padres de hoy dejen a la generación siguiente se adivina en una observación hecha por Michael Fox, vicepresidente de la *Humane Society* [Sociedad Protectora de Animales] de los Estados Unidos. Dice él: "La vida de una hormiga y la vida de mi propio hijo deberían recibir la misma consideración".[6] ¿Qué clase de valores tendrá la cultura de nuestros hijos?

La sociedad está repleta de similares y espeluznantes tendencias. Es impensable el futuro para una sociedad sin ninguna norma moral mediante la que determinar lo bueno y lo malo. Ya en la actualidad nos encontramos en una situación en la que estamos dispuestos a sentenciar a gente a la prisión por matar animales, a la vez que alentamos a los abortistas a matar niños.

¿Adónde se dirige nuestra cultura? ¿Qué clase de sistema de valores, qué clase de moralidad, qué clase de mundo estamos estableciendo para la próxima generación?

Y, como cristianos, ¿estamos plantando algunos árboles de sombra para nuestros hijos? ¿O los vamos a dejar totalmente a la intemperie?

LA ROTURA DE LA FAMILIA

Bien puede ser que estemos presenciando la muerte de la célula constituyente de toda civilización: la familia. Las señales de la rotura de la familia son evidentes y claras a nuestro alrededor. Numerosos hechos confirman esta sombría prognosis. Casi ni hay necesidad de citar estadísticas. Durante los cuarenta últimos años o más, hemos tenido ante nosotros la exhibición de las evidencias del derrumbe de la familia: el divorcio, la revolución sexual, el aborto, la esterilización, la delincuencia, la infidelidad, la homosexualidad, el feminismo radical, el movimiento "de los derechos del niño", junto con la normalización de los hogares monoparentales, el declive de la familia nuclear, y otras señales similares. Hemos estado contemplando el entretejido de una intrincada cuerda que al final estrangulará a la familia y acabará con ella.

Para hablar con total sinceridad, muchos en la actualidad grabarían felices la lápida de la familia. En su libro de 1971, *The Death of the Family* [La muerte de la familia],[7] el psiquiatra británico Dr. David Cooper sugería que era ya tiempo de desechar totalmente la familia. Una sugerencia similar apareció en el manifiesto feminista de Kate Miller de 1970, *Sexual Politics* [Normas sexuales].[8] Afirmaba ella que las familias debían desaparecer, lo mismo que todas las estructuras patriarcales, porque no son más que instrumentos para la opresión y esclavización de las mujeres.

La mayoría de las personas que proponen esas perspectivas son agresivas, coléricas, y decididas a imponer su agenda al resto de la sociedad. El terreno más fértil para la propagación de estos puntos de vista es el recinto universitario. Consiguientemente, los proponentes de la ingeniería social antifamilia están ocupados en reeducar a los jóvenes que pronto serán los principales dirigentes de la sociedad y los padres de una generación que será probablemente más disfuncional que la actual.

Esta especie de adoctrinamiento ha estado en marcha durante años, de modo que algunas de las personas de mayor influencia que están ya dando forma a la sociedad moderna a los más altos niveles, desde los dirigentes de los gobiernos a aquellos que toman decisiones de programación en las cadenas de televisión, son algunos de los más virulentos y declarados enemigos de la familia tradicional.

Hillary Rodham Clinton, por ejemplo, querría entregar al gobierno federal de los Estados Unidos algunos de los derechos y de las responsabilidades de la crianza de los hijos. El libro de la señora Clinton, *It Takes a Village* [Se precisa de una aldea],[9] fue escrito para establecer un plan que dirigiera a América más cerca de una crianza de los hijos patrocinada por el estado. Aunque reconoce de palabra la importancia de los papeles de los padres y de los abuelos, es evidente que cree que no se debería permitir a los padres criar a sus propios hijos sin la supervisión del gobierno secular. También sugiere que la nueva norma debería ser un enfoque más socialista a la crianza de los hijos, incluyendo guarderías estatales y preescolares, donde los niños a partir de tres años estuvieran todo el día. Parece que la aldea que contempla la señora Clinton es una constelación de programas financiados por el estado para adoctrinar a los niños en aquellos valores que el estado considere aceptables. Y si hay algo que haya quedado bien claro a lo largo del último medio siglo es que los valores bíblicos *no* son considerados aceptables en ningún programa patrocinado por el estado en América ni en Occidente en general, de modo que, sin duda alguna, la aldea de la señora Clinton adoctrinaría más bien a los niños en el secularismo humanista.

Otras voces están clamando por medidas aún más radicales contra la familia tradicional. Ti-Grace Atkinson, ex presidente del capítulo de Nueva York de la Organización Nacional para las Mujeres, dice que le gustaría eliminar todo el sexo, el matrimonio, la maternidad y el amor. "El matrimonio es servidumbre legalizada", dice ella, "y las relaciones familiares constituyen la base de toda la opresión humana".[10]

Gore Vidal, autor de gran difusión y crítico social, se muestra de acuerdo. Él propone la reorganización de la sociedad para eliminar la familia tal como la conocemos. En lugar de ello, le gustaría ver una *autoridad* central con el poder de controlar la población humana, la distribución de los alimentos y el uso de los recursos naturales.

¿ES DEMASIADO TARDE PARA SALVAR A LA FAMILIA?

Afortunadamente, las voces que claman por esas alternativas orwellianas a la familia siguen estando en minoría. Hasta la mayoría de los sociólogos seculares consideran la decadencia de la familia como un desastre sin paliativos. La mayor parte de ellos admiten que la familia es un componente esencial y crucial para la sociedad civilizada, y admiten abiertamente que si la familia no sobrevive y prospera como institución, la destrucción de la sociedad misma no puede ir muy a la zaga.

En consecuencia, en cada medio público actual, comenzamos a oír a personas expertas que hablan de la necesidad de dar apoyo a la familia. Sociólogos, psicólogos, analistas, pretendidos expertos en el matrimonio y en la familia, y todo el resto, están movilizándose para conseguir soluciones para los males que aquejan a la familia. Con ello me refiero ahora a voces seculares, no cristianas, que sin embargo, expresan su preocupación acerca de la gran cantidad de familias que se rompen, y por los efectos innegablemente negativos que ello tiene sobre la sociedad. Observan preocupados la cantidad creciente de niños que están solos en casa: niños que acuden diariamente a hogares sin supervisión adulta, sin padres esperándolos. Expresan sus temores acerca del dramático aumento en crímenes graves cometidos por niños. Nos advierten que la permisividad paterna, la relajación en las normas morales y otras influencias sociales liberalizadoras han resultado en la rotura de muchas familias y de algunas comunidades enteras. Si no son corregidos, estos problemas destruirán la sociedad tal como la conocemos.

Cualquiera puede darse cuenta de que la mayoría de estos problemas están directamente relacionados con la quiebra de los valores que antes se abrigaban en la familia. Se ha hecho penosamente evidente que estos males no son meramente problemas sociales que precisen de soluciones del sector público, sino que son, ante todo, problemas *familiares,* las soluciones de los cuales dependen del rescate de la familia como institución.

El problema es que la sociedad como un todo ya ha rechazado los valores bíblicos imprescindibles para la recuperación y preservación de la familia. El término "valores familiares" es una frase muy ridiculizada y abusada, vilipendiada por algunos como un instrumento de propaganda, y secuestrada por otros que defienden valores que son totalmente deletéreos para la familia.

Pero la verdad es que los únicos *valores* reales que pueden salvar a la familia están arraigados en las Escrituras: son valores *bíblicos,* no meramente valores *familiares*. Por ello mismo, el futuro de la familia en nuestra sociedad depende del éxito de aquellos que están comprometidos con la verdad de las Escrituras. Diversos expertos seculares han estado proponiendo durante años sus "soluciones" humanistas a los problemas de la sociedad, sin tener casi ningún efecto. Los expertos seculares nunca descubrirán ninguna solución fuera de las Escrituras que pueda solucionar estos males. No existe una solución así.

Mientras, se van deteriorando las relaciones humanas dentro de las familias, el tejido mismo de la sociedad está desgarrándose. (Solo hay que ver al azar cualquier episodio del "*The Jerry Springer Show*", y con toda probabilidad se verá una perturbadora evidencia de que así están las cosas.) A la inversa, si la sociedad misma ha de consolidarse, el giro ha de comenzar en nuestras familias.

Desdichadamente, la sociedad misma puede estar constituyendo el mayor obstáculo para la reforma de la familia. Consideremos los siguientes valores antifamilia que nuestra sociedad ya ha canonizado. Todos ellos son básicamente nuevos desarrollos que han tenido lugar en el curso de la última mitad de siglo:

- Todos los antiguos tabúes están siendo abolidos de manera sistemática y están siendo reemplazados con un nuevo tabú: Es tabú pensar que las normas morales absolutas, instituidas por Dios y reveladas en la Biblia, deban gobernar toda la conducta humana.
- El divorcio se puede conseguir a voluntad por cualquier razón, o sin razón alguna.
- Por cuanto se deben minimizar las diferencias de género y eliminarlas en lo que sea posible, es ahora incorrecto referirse a la posición de "cabeza" de familia como una responsabilidad masculina.
- Las mujeres casadas que tienen niños son alentadas a trabajar fuera del hogar.
- La diversión, y en particular la televisión, dominan la vida de la familia.
- Matar una foca recién nacida por su piel es un crimen. Pero matar a niños humanos no nacidos por la razón que sea es algo que se defiende como asunto de una decisión libre y personal.
- La pornografía más abyecta es protegida en América bajo la cláusula de la Primera Enmienda de la Constitución, mientras que enseñar a los niños en las escuelas públicas que la promiscuidad sexual es inmoral se prohíbe como una violación de la misma Constitución.

¿Es posible que una sociedad comprometida con tales valores salve a sus propias fracasadas familias? No se precisa de mucho sentido común para ver que las semillas de la destrucción de la familia están integradas en los valores morales que nuestra cultura ha abrazado durante la pasada generación. Parece evidente que a no ser que la sociedad misma sea radicalmente transformada por medio de un avivamiento como el que experimentó América durante el Primer Gran Despertar, el futuro de la familia como institución en esta cultura está en grave peligro.

¿DÓNDE ESTÁ LA IGLESIA EN ESTA SITUACIÓN?

Desde luego, no estoy con todo esto sugiriendo que la familia pueda salvarse mediante una reforma moral en una cultura secular. No es esta una llamada a los cristianos convocándolos a que sean más activos en la acción política. Demasiados esfuerzos de la iglesia en años recientes han sido malgastados intentando confrontar tendencias antifamilia, como el aborto y la homosexualidad, solo mediante esfuerzos legislativos. *Reforma* no es la respuesta para una cultura como la nuestra. *Redención* es lo que se necesita, y esto ocurre al nivel individual, no social. La iglesia debe volver a la verdadera tarea a la que hemos sido llamados: evangelizar a los perdidos. Solo cuando multitudes de individuos en nuestra sociedad se vuelvan a Cristo, la sociedad misma experimentará una transformación significativa.

Mientras, las familias cristianas tienen la obligación de plantar árboles de sombra para las futuras generaciones de hijos. Pero hablando con franqueza, hasta en la iglesia la condición de la familia aparece seriamente deteriorada.

No se trata de que no haya señales alentadoras. Durante casi tres décadas ha existido una inmensa preocupación entre los evangélicos acerca de la necesidad de rescatar a la familia. Las librerías cristianas están bien provistas de libros sobre el matrimonio y la familia. La radio cristiana está también repleta de programación para la orientación familiar. Durante más de dos décadas, el programa radial cristiano más popular (y con gran ventaja) ha sido "Enfoque a la familia". No escasean los programas cristianos, seminarios y ministerios dedicados a la familia y a la crianza de los hijos.

Sin embargo, y a pesar de toda la tinta y de todo el tiempo de antena que estos ministerios han dedicado a las cuestiones de la crianza de los hijos y de la familia, las estadísticas muestran que en general las familias cristianas no están en mucha mejor forma que las familias de sus vecinos no cristianos. Según algunas encuestas, la tasa de divorcios entre los evangélicos puede incluso estar algunos puntos *por encima* de la tasa del mundo en general. El porcentaje de familias monoparentales es ya mayor en la iglesia que en el mundo. Los hijos de familias cristianas no son inmunes a la seducción de las drogas, de las pandillas, del sexo promiscuo y de todos los demás males que acosan a la juventud actual. Generalmente hablando, las familias cristianas están padeciendo los mismos males que las familias no cristianas.

Evidentemente, hay algo que va muy mal.

Parte del problema es que muchos de los programas de crianza de hijos y de la familia que llevan la etiqueta de "cristianos" no son verdaderamente cristianos. Algunos de ellos no son nada más que conductismo secular envuelto en un lenguaje religioso: una impía amalgama de expresiones de eco bíblico con psicología humanista. Incluso algunos de los mejores programas de crianza cristiana de los hijos se centran excesivamente en cuestiones relativamente limitadas y extrabíblicas y no lo suficiente en los principios bíblicos esenciales. Un libro que consulté discurría capítulo tras capítulo acerca de cuestiones como la de hacer una lista de tareas pendientes y colgarla en la puerta de la nevera, cómo organizar el horario de tu hijo para limitar el tiempo de televisión, ideas para juegos en el auto, y consejos prácticos de similar naturaleza. Estos intereses prácticos tienen desde luego su lugar, pero no van al corazón de lo que realmente necesitan los padres cristianos en una sociedad como la nuestra. (Aquel libro en particular tenía en realidad poco que fuese distintivamente cristiano, aparte del prólogo del autor.)

Algunos programas cristianos para la crianza de los hijos parecen comenzar bien, pero se apartan pronto de los principios bíblicos y pasan a otras cosas. Esas *otras cosas* reciben a menudo más énfasis que otras cuestiones más vitales que sí *son* verdaderamente bíblicas. Los padres que entran en dichos programas demandan unos métodos detallados e intensamente regimentados o unos sistemas normalizados de crianza de los hijos que den resultados automáticos. De modo que los expertos intentan conseguir esto. La lista resultante de reglas y de métodos desplaza pronto a los vitales principios bíblicos. La tentación a ir en esta dirección es sutil pero intensa, y bien pocos son los *gurus* de la crianza de los hijos que se libran de ella.

Lo que necesitamos de manera apremiante es volver a los principios *bíblicos* de la crianza de los hijos. Los padres cristianos no necesitan nuevos programas integrales y bien envueltos; necesitan aplicar y obedecer de manera coherente los pocos y sencillos principios claramente establecidos para los padres en la Palabra de Dios, como los que siguen: Enseñen constantemente a vuestros hijos la verdad de la Palabra de Dios (Dt. 6:7). Disciplínenlos cuando hagan algo malo (Pr. 23:13-14). Y no los exasperen (Col. 3:21). Esos pocos principios, si se aplicasen de manera consecuente, tendrían un efecto mucho mayor para el típico padre perplejo que horas de discusión acerca de si se debe darles chupetes a los bebés, o a qué edad se debería permitir a los niños que escojan su propia ropa, o docenas de cuestiones similares que consumen tanto tiempo en el típico programa de crianza de los hijos.

A lo largo de este libro iremos examinando estrechamente estos y otros principios bíblicos para la crianza de los hijos. Comenzaremos con cuatro principios bíblicos frecuentemente descuidados que deberían servir de fundamento para la perspectiva cristiana para la crianza de los hijos.

LOS HIJOS DEBERÍAN SER CONSIDERADOS COMO UNA BENDICIÓN, NO COMO UNA DIFICULTAD

En primer lugar, las Escrituras enseñan con claridad que los hijos son unos dones de bendición de parte del Señor. Dios los designó como una bendición. Se supone que han de ser un gozo. Son una bendición de parte de Dios para que entren en nuestras vidas con valor, significado, dicha y satisfacción. La paternidad es un don que Dios nos da.

Esto es cierto incluso en medio de un mundo caído, infectado con la maldición del pecado. En medio de tanto mal, los hijos son una prenda de la misericordia de Dios. Son la prueba palpable de que la misericordia de Dios se extiende incluso a criaturas caídas y pecaminosas.

Recordemos que Adán y Eva comieron el fruto prohibido *antes* de concebir ninguna descendencia. Pero Dios no los destruyó e inició una nueva raza. En lugar de ello, permitió que Adán y Eva cumplieran el mandamiento que les había sido dado antes de la caída: Fructificad y multiplicaos (Gn. 1:28). Y puso en marcha un plan de redención que en último término abarcaría a grandes multitudes de la descendencia de Adán (Ap. 7:9-10). Así, los hijos que tuvo Eva encarnaban la esperanza de que los caídos pecadores podrían ser redimidos.

Y cuando Dios maldijo la tierra por causa del pecado de Adán, multiplicó el *dolor* del proceso de dar a luz (Gn. 3:16), pero no anuló la *bendición* inherente en el acto de tener hijos.

Eva reconoció esto. Génesis 4:1 dice: "Conoció Adán a su mujer Eva, la cual concibió y dio a luz a Caín, y dijo: Por voluntad de Jehová he adquirido varón". Es evidente que reconoció que el Señor era el dador de este niño. Ella consideró al niño como un don de enviado por contra quien había pecado, y se sintió llena de gozo por este regalo. A pesar del dolor del parto, y con independencia de la condición caída del niño mismo, sabía que el niño era un emblema de la gracia de Dios para con ella.

En el versículo 25 leemos: "Y conoció de nuevo Adán a su mujer, la cual dio a luz un hijo, y llamó su nombre Set: Porque Dios (dijo ella) me ha sustituido otro hijo en lugar de Abel, a quien mató Caín". Los hijos, Eva lo sabía, son dones de bendición de parte de Dios.

¿Y qué del caso de los hijos de los incrédulos? Ellos representan también bendiciones divinas. En Génesis 17:20 Dios prometió bendecir a Ismael. ¿Cómo lo iba a bendecir? Multiplicando sus hijos y descendientes. Él dijo a Abraham: "Y en cuanto a Ismael, también te he oído; he aquí que le bendeciré, y le haré fructificar y multiplicar mucho en gran manera; doce príncipes engendrará, y haré de él una gran nación".

A través de las Escrituras encontramos un tema constante que destaca a los hijos como bendiciones de parte de un Dios amante y misericordioso. Esto se hace evidente, por ejemplo, en la competición entre Lea y Raquel por el afecto de Jacob. Génesis 29:31-33 dice: "Y vio Jehová que Lea era menospreciada, y le dio hijos; pero Raquel era estéril. Y concibió Lea, y dio a luz un hijo, y llamó su nombre Rubén, porque dijo: Ha mirado Jehová mi aflicción; ahora, por tanto, me amará mi marido. Concibió otra vez, y dio a luz un hijo, y dijo: Por cuanto oyó Jehová que yo era menospreciada, me ha dado también este. Y llamó su nombre Simeón".

Observemos que la compasión del Señor hacia Lea se manifiesta capacitándola para tener hijos. El Señor era quien la hacía fructífera, y Lea lo reconocía.

Mientras, aunque Jacob amaba más a Raquel, Raquel sentía que su esterilidad implicaba de algún modo que era menos favorecida. ¡Las Escrituras dicen de Raquel que "tuvo envidia de su hermana, y decía a Jacob: Dame hijos, o si no, me muero" (Gn. 30:1)!

Y sigue la Biblia: "Y Jacob se enojó contra Raquel, y dijo: ¿Soy yo acaso Dios, que te impidió el fruto de tu vientre? (v. 2)". También él reconocía que solo Dios puede dar hijos.

Raquel estaba tan decidida a tener hijos que ideó un malvado plan con el que tener hijos *legales* por medio de su criada Bilha (v. 3), complicando así aún más las ya pecaminosas relaciones polígamas que estaban ya en el origen de su contienda con Lea. Al final, Dios bendijo también a Raquel con hijos, y ella le alabó por su bondad: "Y concibió, y dio a luz un hijo, y dijo: Dios ha quitado mi afrenta" (v. 23). Raquel murió dando a luz a Benjamín, y la comadrona dio esas palabras de consuelo a la moribunda: "No temas, que también tendrás este hijo" (35:17).

A lo largo de este registro de los padres que estuvieron en el origen de las varias tribus del pueblo escogido de Dios, una cosa queda clara: Todos los participantes comprendían que los hijos eran una bendición del Señor.

Por el designio lleno de gracia de Dios, los hijos son dados para proporcionar a sus padres gozo, felicidad, contentamiento, satisfacción y amor. El Salmo 127:3-5 lo dice de manera expresa:

> He aquí, herencia de Jehová son los hijos;
> Cosa de estima el fruto del vientre.
> Como saetas en mano del valiente,
> Así son los hijos habidos en la juventud.
> Bienaventurado el hombre que llenó su aljaba de ellos;
> No será avergonzado
> Cuando hablare con los enemigos en la puerta.

Queda claro que los hijos, en el plan de Dios, están dados como bendición, no como una dificultad. Y generalmente son una bendición cuando llegan. Pero si son dejados expuestos al mundo y privados de la sombra protectora apropiada, ciertamente te partirán el corazón.

Esto nos lleva al segundo principio fundamental.

LA CRIANZA DE LOS HIJOS DEBE CONSIDERARSE UN GOZO, NO UNA CARGA

La tarea de ser padres no es un yugo a cargar; es un privilegio a gozar. Si el designio de Dios al darnos hijos es bendecirnos, la tarea a la que nos llama como padres no es más que una extensión y ampliación de esta bendición.

La crianza de los hijos es difícil solo hasta donde los padres *la hacen* difícil al descuidar seguir los sencillos principios que Dios establece. Descuidar el deber que uno tiene como padre ante Dios significa perderse la bendición inherente en la tarea, y los que así lo hacen asumen una carga que Dios nunca dispuso que llevasen los padres.

Una manera segura de llenar tu vida de miseria es abdicar de la responsabilidad que Dios te ha dado como padre y administrador del hijo que Él en gracia ha puesto en tus manos. A la inversa, nada en tu vida será causa de mayor gozo y alegría que criar a tus hijos en la disciplina y amonestación del Señor.

¿No hay acaso aspectos inherentemente desagradables en la crianza de los hijos? Naturalmente, a ninguno de nosotros le deleita tener que disciplinar a nuestros hijos. Pronto aprendí como padre que lo que mis padres me habían enseñado acerca de la disciplina era cierto: Generalmente le causa más dolor al padre que al hijo. Pero incluso el proceso de la disciplina produce finalmente gozo cuando somos fieles a las instrucciones de Dios. Proverbios 29:17 dice: "Corrige a tu hijo, y te dará descanso, y dará alegría a tu alma".

Hay una refrescante y emocionante riqueza de gran gozo en una crianza piadosa de los hijos que no puede conseguirse por ningún otro medio. En su gracia, Dios ha incorporado una fuente de deleites en el proceso de criar a los hijos, si nos mantenemos en sus principios.

¿Garantiza la Biblia que nuestra función de padres tendrá éxito si seguimos el plan de Dios? Consideremos este tercer punto fundamental.

EL ÉXITO EN LA CRIANZA DE LOS HIJOS SE MIDE POR LO QUE HACEN LOS PADRES, NO POR LO QUE HACE EL HIJO

Si valoramos nuestro éxito como padres solo por cómo resultan nuestros hijos, no hay garantía inviolable en la Biblia de que experimentaremos un éxito absoluto en estos términos. A veces hay hijos criados en buenas familias cristianas que crecen y abandonan la fe. En cambio, por otra parte el Señor en gracia redime a muchos niños cuyos padres son unos absolutos fracasados. El resultado en el hijo, como factor en sí mismo, no es un indicador fiable del éxito de los padres.

Más bien, el *verdadero* índice del éxito para los padres cristianos es el propio carácter de los padres. Hasta el punto en que hayamos seguido el designio de Dios en la crianza de los hijos, habremos tenido éxito como padres ante Dios.

De manera invariable, los padres preguntan acerca de Proverbios 22:6: "Instruye al niño en su camino, y aun cuando fuere viejo no se apartará de él". ¿No tenemos aquí una promesa bíblica de que si criamos a nuestros hijos con acierto, podemos garantizar que caminarán fielmente con el Señor?

Esta idea se basa en un malentendido acerca de la naturaleza de Proverbios: Se trata de dichos de sabiduría y de verdades notorias: no necesariamente de reglas infalibles. Por ejemplo, dos versículos antes leemos: "Riquezas, honra y vida son la remuneración de la humildad y del temor de Jehová" (v. 4). Desde luego, no se trata de una promesa incondicional de que todo aquel que sea humilde y que tema al Señor se hará siempre rico y cosechará honores. Demasiados otros versículos nos enseñan también que los justos son inevitablemente objeto de persecución (2 Ti. 3:12) y que a menudo son pobres (Stg. 2:5).

Además, Proverbios 10:27 dice: "El temor de Jehová aumentará los días; mas los años de los impíos serán acortados". Sabemos que este principio no se cumple en todos los casos. No se puede mantener como una promesa vinculante de parte de Dios a todos los que le temen.

Del mismo modo, Proverbios 22:6 es un principio generalmente cierto. El mismo principio sería cierto si se aplicase a soldados, carpinteros, maestros o a cualquier otro tipo de instrucción. La manera en que se instruye a una persona determina lo que llega a ser. En palabras de Jesús: "Todo el que esté bien preparado, será como su maestro"(Lc. 6:40, RVR77). El mismo principio es de aplicación a los niños, que también, normalmente, son resultado de su instrucción. Esta es una verdad axiomática, o notoria.

Pero Proverbios 22:6 no es una promesa que los padres cristianos puedan esgrimir para garantizar que sus hijos nunca se vayan a apartar del camino de la verdad. El gran comentarista puritano Matthew Henry hizo estas observaciones acerca del axioma de Proverbios 22:6: "Cuando *crezcan*, cuando *envejezcan*, es de esperar que *no se apartarán de él*. Las buenas impresiones que les han sido hechas permanecerán con ellos todos sus días. Generalmente, la vasija retiene el sabor con que fue sazonada al principio. Muchos ciertamente se han apartado del buen camino en que fueron instruidos; así sucedió con el mismo Salomón. Pero la instrucción temprana puede ser un medio para que se recuperen, como se supone que hizo Salomón. Al menos, los padres tendrán la consolación de haber cumplido con su deber y de haber empleado los medios".[12]

Como regla general, los padres que sigan principios bíblicos en la crianza de sus hijos *verán* un efecto positivo en el carácter de sus hijos. Desde un punto de vista puramente estadístico, los hijos que crecen en hogares donde Cristo es honrado son más susceptibles de mantenerse fieles a Cristo en su edad adulta que aquellos hijos que crecen en hogares donde los padres deshonran al Señor. El axioma de Proverbios 22:6 es aplicable. Desde luego, no debemos pensar que la soberanía de Dios en salvación significa que no importa la manera en que criemos a nuestros hijos. Con frecuencia, Dios usa a padres fieles como instrumentos para la salvación de los hijos.

Sin embargo, y en último análisis, la salvación de tu hijo *es desde luego* una cuestión que ha de ser resuelta entre ellos y Dios. Nada de lo que tú hagas *garantizará* la salvación de tus hijos. A este fin deberías orar a Dios e instruir a tu hijo: usando todos los medios disponibles para fijar las verdades del evangelio perpetuamente en el corazón del niño. Pero en último término la aptitud espiritual de un hijo adulto no es en sí un indicador fiable del éxito de los padres.

Habiendo dicho esto, quiero destacar que en ocasiones, más bien debería decir que *a menudo*, los padres tienen *en parte* la culpa de la rebelión y del extravío de sus hijos. He podido observar a lo largo de los años que los padres son por lo general más culpables del extravío de sus hijos que la sociedad, o los iguales o cualquiera de las otras influencias a las que los padres suelen achacar las culpas. Ocasionalmente me encuentro con padres que han violado casi cada uno de los principios de la crianza bíblica de los hijos, y que sin embargo, acuden al pastor buscando alguna clase de absolución de la responsabilidad de la rebelión de sus hijos. Quieren seguridades verbales de que ellos no tienen ninguna parte de culpa; que la culpa la tiene alguna otra parte.

Sin embargo, Dios mismo ha dado la responsabilidad de la crianza de los hijos a los padres, no a los maestros, iguales, asistentes sociales u otros fuera de la familia, y es por ello un error de parte de los padres que intenten descargarse de esta responsabilidad o pasar el tanto de culpa cuando las cosas van mal. Este es el cuarto principio fundamental.

LAS INFLUENCIAS MÁS IMPORTANTES PARA EL HIJO PROCEDEN DE LOS PADRES, NO DE LOS IGUALES

Dios ha dado un solemne encargo a los padres con el deber de criar a sus hijos en la disciplina y amonestación del Señor. No es prerrogativa de los padres delegar este deber a otros. Los padres deben involucrarse en las vidas de sus hijos lo suficiente para asegurarse de que *ninguna otra influencia* se hace dominante. A los padres que se quejan de que las faltas de sus hijos se deben a la influencia de sus amigos, mi contestación inevitable es que en último término son los padres mismos los que por ello mismo tienen la culpa, porque ellos han sido los que han permitido a los iguales que tengan más influencia sobre las vidas de sus hijos que ellos mismos.

Indudablemente, algunos padres, al oír esto, girarán los ojos con una expresión cínica, e insistirán que es irreal en esta época esperar que los padres influyan más sobre sus hijos que sus iguales, la cultura, la televisión, los maestros y todos los demás factores que compiten para ejercer una parte de control en la vida de un niño típico.

Un cinismo similar se expresa en un libro recientemente publicado, *The Nurture Assumption: Why Children Turn Out the Way They Do,*[13] por Judith Rich Harris, una abuela residente en Nueva Jersey y autora de varios libros de texto de psicología. Ella insiste en que prácticamente nada de lo que hagan los padres causará diferencia alguna en el temperamento, personalidad o carácter de sus hijos. "El papel de los padres ha sido exagerado en demasía", dice ella. "Se nos ha hecho creer que tenemos más influencia en la personalidad de nuestro hijo de la que tenemos en realidad".[14] Según Harris, los grupos de iguales de nuestros hijos, y no los padres, determinan qué clase de personas llegarán a ser. Además, provee una asombrosa gama de evidencias que van desde datos de investigaciones técnicas hasta testimonios anecdóticos, todo ello argumentando de manera persuasiva que este es el caso.

A primera vista, la idea de que los padres tengan poca influencia en el carácter de sus hijos parece ir en contra de todo lo que creemos acerca de la crianza de los hijos. Pero los que lean el libro puede que encuentren la teoría de Harris más que plausible; y hasta convincente.

Sin embargo, un momento de reflexión revelará *por qué* los padres en nuestra cultura tienen menos influencia sobre sus hijos que el grupo de iguales: simplemente, la mayoría de los padres han abandonado su papel como tales. Han entregado a sus hijos a sus iguales. Han invertido menos tiempo en enseñar a sus hijos que la cantidad de tiempo que han permitido a sus hijos ver la televisión. Han permitido que toda la instrucción espiritual, moral y ética de sus niños proceda de la televisión, del cine, de la música y de otros niños. Hasta en el mejor de los casos, los padres confían demasiado en los maestros de la Escuela Dominical y en los monitores juveniles; todo ello fuera del ámbito familiar. Los padres deben darse cuenta de que el carácter no está ni determinado por factores genéticos ni se absorbe por difusión. A los niños *se les enseña* a ser lo que llegan a ser. Si llegan a ser alguna otra cosa que lo que los padres esperaban, ello se debe generalmente a que sencillamente han aprendido de aquellos que estaban ahí para enseñarles en el contexto de la ausencia de sus padres.

En otras palabras, son los padres y no los hijos, y ni siquiera los grupos de iguales, los que en último término tienen la culpa de la decreciente influencia de los padres en nuestra cultura. Siempre que una influencia externa conforma el carácter de un hijo más que los padres, los padres han fracasado en sus deberes. Es así de sencillo.

En la actualidad, los padres cristianos necesitan desesperadamente reconocer este sencillo principio. Ante el trono de Dios se nos considerará responsables *a nosotros* si hemos entregado a nuestros hijos a otras influencias que conformen su carácter en caminos de impiedad. Dios ha puesto en *nuestras* manos la responsabilidad de criar a nuestros hijos en la disciplina y amonestación del Señor, y nosotros daremos cuentas a Dios de nuestra administración de este gran don. Si otros tienen más influencia sobre nuestros hijos que nosotros mismos, somos culpables en base de esto, no excusables.

Dios ha hecho de la función paterna una responsabilidad a dedicación total. No hay descansos para café en nuestros deberes paternos. Este principio fue incluso incorporado en la Ley del Sinaí. Dios introdujo sus instrucciones a los israelitas con este solemne encargo: "Y estas palabras que yo te mando hoy, estarán sobre tu corazón; y las repetirás a tus hijos, y hablarás de ellas estando en tu casa, y andando por el camino, y al acostarte, y cuando te levantes" (Dt. 6:6-7).

Esta es la definición que Dios da de la tarea de los padres. Significa que la crianza de los hijos es una asignación a dedicación total en cada sentido de la expresión. No queda exenta ninguna fase de la vida. No queda excluida ninguna hora del día. No hay tiempo libre para el padre que quiere ser fiel a su vocación.

Algunos padres creen que pueden dividir la vida de su hijo en compartimientos, y asignar una cantidad de horas semanales para dedicarse a su papel de padres, y luego cumplir sus deberes como padres asegurando que las horas que dedican a la tarea sean de "tiempo de calidad". Toda esta filosofía es contraria al espíritu de Deuteronomio 6:7, y es una manera segura de garantizar que las influencias externas tendrán más influencia que la de los padres en moldear el carácter del niño.

La historia del Israel del Antiguo Testamento constituye una lección objetiva acerca de los peligros de descuidar este principio vital. Israel fracasó miserablemente cuando se trató del deber de enseñar a sus hijos acerca de la justicia de Dios. Consideremos este elocuente versículo acerca de la generación de israelitas que entró primero en la Tierra Prometida. Y observemos que era solo una generación después que Dios hubiera dado su Ley en el Sinaí: "Y el pueblo había servido a Jehová todo el tiempo de Josué, y todo el tiempo de los ancianos que sobrevivieron a Josué, los cuales habían visto todas las grandes obras de Jehová, que él había hecho por Israel. …Y toda aquella generación también fue reunida a sus padres. Y se levantó después de ellos otra generación que no conocía a Jehová, ni la obra que él había hecho por Israel" (Jue. 2:7, 10).

En otras palabras, aquella generación entera de israelitas fracasó en su responsabilidad. Descuidaron enseñar a sus hijos acerca de las cosas que Dios había hecho por Israel. Como consecuencia, la siguiente generación se apartó *en masa* del Señor: "Después los hijos de Israel hicieron lo malo ante los ojos de Jehová, y sirvieron a los baales. Dejaron a Jehová el Dios de sus padres, que los había sacado de la tierra de Egipto, y se fueron tras otros dioses, los dioses de los pueblos que estaban en sus alrededores, a los cuales adoraron; y provocaron a ira a Jehová. Y dejaron a Jehová, y adoraron a Baal y a Astarot" (vv. 11-13).

Los hijos se volvieron a los malvados dioses de los cananeos. Su medio los influyó más que sus padres porque los padres habían hecho dejación de su papel de padres. El resultado fue la idolatría, el caos y la destrucción. "Cada uno hacía lo que bien le parecía" (21:25).

Esta misma pauta se repitió una y otra vez durante la historia de Israel. Siempre que una generación de padres descuidaba plantar las semillas que dieran árboles de sombra para las generaciones siguientes, los hijos padecían un hambre espiritual que seguía de manera inevitable.

Lo mismo está sucediendo hasta nuestros días. Ahora mismo, la perspectiva para la siguiente generación es tan negra que no tiene comparación con el pasado. Y no habrá retorno a no ser que esta generación de padres cristianos reemprenda la tarea a la dedicación total de plantar árboles de sombra espirituales.

Para muchos padres, el primer paso para volver al buen camino ha de ser un renovado compromiso de ellos mismos con las cosas de Dios. Si nuestras propias prioridades en la vida son erróneas, no podemos esperar enseñar a nuestros hijos lo que ellos tienen que aprender.

Padres, hagan un inventario en sus propios corazones. ¿Tienen sed de Dios como el ciervo la tiene por las corrientes de aguas? ¿O está la vida de ustedes transmitiendo a sus hijos un mensaje de hipocresía y de indiferencia espiritual? ¿Es su consagración a Cristo lo que desean ver en las vidas de sus hijos? ¿Es la obediencia de ustedes a su Palabra la misma clase de sujeción que tanto anhelan ver en sus propios niños? Estas preguntas son cruciales al considerar si de veras queremos ser padres de éxito y buenos modelos para nuestros hijos. Los padres que sean negligentes en estas áreas garantizan en la práctica que sus hijos e hijas fracasen espiritualmente. Que los padres sean negligentes en sus propias vidas espirituales equivale a cortar todos los árboles de sombra para la siguiente generación en su familia.

En los capítulos que siguen examinaremos en forma más detallada los mandamientos bíblicos para los padres, los maridos, las esposas y los hijos. Los principios divinos para una crianza cristiana de éxito de los hijos surgirán con mayor claridad. Pero antes de que sigas leyendo, te apremio a que examines tu corazón ante Dios, y que hagas un exhaustivo inventario espiritual de cuál está siendo tu actuación no meramente como padre, sino como hijo de Dios.

DOS

❧❧❧

La comprensión de la mayor necesidad de tu hijo

He aquí, en maldad he sido formado,
y en pecado me concibió mi madre.
—SALMO 51:5

Los padres tienden a hacer la crianza de los hijos algo más complejo, y sin embargo, más superficial, de lo que realmente es. En la actualidad, los padres cristianos están clamando por más programas detallados, métodos paso a paso, e instrucciones meticulosamente delineadas. Y los *gurus* educativos se sienten felices de intervenir. Ofrecen detallados planes para alimentar a los bebés *según Dios;* métodos *cristianos* para instruir a los pequeñitos a pedir hacer sus necesidades; listas extensas de cosas que hacer y que no hacer para gobernar las vidas sociales de los preescolares; y catálogos similares de reglas para cada etapa de la vida hasta el matrimonio.

Naturalmente, no todos estos consejos son desacertados. Algunos de ellos pueden ser de ayuda e incluso provechosos. Pero en comparación con los principios para la crianza de los hijos realmente expuestos en la Biblia, la mayor parte de los programas pretendidamente "cristianos" son innecesariamente complejos y a veces no totalmente realistas. Bien lejos de ser distintivamente cristiano, algo del consejo que se dispensa en estos programas es en realidad extrabíblico y por lo tanto se podría dejar de lado sin problemas. Por ejemplo, sé de una joven pareja que rehúsa permitir a nadie (incluyendo a la abuela), mecer a su bebé, *nunca.* Les fue enseñado en un programa cristiano de crianza de hijos que mecer a los pequeños hasta dormir los hace no querer ir a la cama cuando se hacen mayores. Así, esos padres viven con el temor de que si alguien mece a su bebé para hacerlo dormir, despertará en él alguna tendencia rebelde o egocéntrica que llevará a frutos malignos cuando sea mayor.

A veces parece como si parte de la industria de la crianza cristiana de los hijos florece alimentando los temores de los padres de que si hacen alguna pequeña cosa errónea con sus hijos, pueden llegar a dañar gravemente al niño para siempre, *causando* que su carácter o conducta se vuelvan malos. Al alimentar esas preocupaciones, persuaden a los padres a ajustarse al programa, a apuntarse a programas año tras año, y a depender totalmente del *guru* director de la crianza del niño: incapacitados y poco dispuestos a pensar por sí mismos. Comienzan a contemplar la función paterna como un campo minado repleto de peligros: un mal paso, y te arriesgas a infligir a tu hijo un daño emocional y psicológico para toda la vida. De modo que pasan a una dependencia total de sistemas que dirigen cada uno de sus pasos, y rehúsan desviarse de aquel plan, incluyendo aquellos aspectos del programa que no tienen base en las Escrituras. A menudo, están incluso dispuestos a desafiar el sentido común y la intuición paterna a fin de seguir el programa de alguien. Esta es una tendencia nada saludable.

Como observé en el anterior capítulo, la crianza de los hijos ha de ser considerada como un gozo, no como una carga. La Biblia pone constantemente el énfasis en las bendiciones de tener hijos y en las ricas recompensas de la crianza de los hijos. "Herencia de Jehová son los hijos; cosa de estima el fruto del vientre"(Sal. 127:3). La Biblia nunca presenta la crianza de los hijos como una carrera de obstáculos repleta de posibles trampas mortales.

Hay sin embargo un gigantesco peligro que es demasiadas veces descuidado por los padres cristianos. Es algo tan fundamental para lo que creemos como cristianos, tan claramente enseñado en la Biblia, que ningún padre cristiano debería ser tomado por sorpresa por ello. Pero me encuentro constantemente asombrado de lo poco que se habla de ello en los planes de instrucción cristiana para la crianza de los hijos.

Me refiero a la inclinación innata del niño hacia el mal.

RECONOCE LA VERDADERA POTENCIALIDAD DE TU HIJO

Cada niño viene al mundo con una insaciable capacidad para el mal. Incluso antes del nacimiento, el corazón humano está ya programado para el pecado y el egoísmo. La inflexible tendencia de la humanidad para toda clase de depravación es tal que, si se le da rienda suelta, cada bebé tiene la potencialidad de transformarse en un monstruo.

Si buscas cuál es la clasificación teológica para esta doctrina, es la que normalmente recibe la designación de la "depravación total". Significa que los niños no llegan al mundo buscando a Dios y su justicia. Ni siquiera llegan al mundo con una inocencia neutral. Llegan al mundo buscando la satisfacción de deseos pecaminosos y egoístas. Aunque el desarrollo de la naturaleza de pecado no llega necesariamente a su plena expresión en la conducta de cada individuo, se designa sin embargo como depravación *total* porque no hay aspecto de la personalidad humana, de su carácter, mente, emociones o voluntad, que quede libre de la corrupción del pecado o inmune a las seducciones del pecado.

¿De dónde les viene a los niños esta depravación? No es conducta aprendida. Es una condición heredada. Los niños la reciben de sus padres, que la recibieron de los suyos, que la recibieron a su vez de los suyos, y así hasta que llegamos a Adán. Adán "engendró un hijo a su semejanza, conforme a su imagen" (Gn. 5:3). Los hijos de Adán llevaron, todos ellos, la impronta del pecado. Estaban infectados con deseos malos. Nacieron con gustos pecaminosos y con una aversión hacia las cosas de Dios: la misma aversión que condujo a Adán y a Eva a tratar de huir de la presencia del Señor (Gn. 3:8). Y los hijos de Adán legaron el mismo pecado a su propia progenie. Así, el legado de corrupción y culpa ha sido transmitido a cada siguiente generación.

En otras palabras, la caída de Adán manchó a toda la raza humana con pecado. Tanto la culpa como la corrupción del pecado son universales. El apóstol Pablo escribió: "Por tanto, como el pecado entró en el mundo por un hombre, y por el pecado la muerte, así la muerte pasó a *todos* los hombres, por cuanto todos pecaron" (Ro. 5:12, cursivas añadidas). "Por la transgresión de uno vino la condenación a todos los hombres" (v. 18), lo cual significa que hemos heredado *la culpa* del pecado. Y "por la desobediencia de un hombre los muchos fueron constituidos pecadores"(v. 19), lo que significa que hemos heredado la *corrupción* del pecado. Nadie queda exento. Nadie nace verdaderamente inocente. A excepción de Cristo, concebido de forma sobrenatural, ninguna persona concebida ha estado jamás exenta de la mancha moral del pecado de Adán.

Hasta David, descrito en la Biblia como un hombre conforme al corazón de Dios (Hch. 13:22), escribió: "En maldad he sido formado, y en pecado me concibió mi madre"(Sal. 51:5). David no quería decir con ello que su madre le hubiera concebido en un acto de fornicación. Tampoco estaba diciendo que haya nada pecaminoso acerca del proceso mediante el que se conciben bebés, porque la Biblia dice: "Honroso es en todos el matrimonio, y el lecho sin mancilla" (He. 13:4, RV). La unión matrimonial misma es santa. Pero cuando David dijo que había sido concebido en pecado, se refería a que su propia naturaleza estaba contaminada con tendencias pecaminosas y con malos deseos desde el mismo momento de su concepción.

Y así es con todos nosotros. Heredamos tanto la culpa como la corrupción del pecado de Adán, y lo transmitimos a nuestra descendencia. Esta doctrina es la del *pecado original*. Nacemos en una raza caída. Heredamos una naturaleza caída. Somos arrastrados inexorablemente a la seducción del pecado. Tenemos apetito por el mal y ningún deseo natural para Dios. En último término, no tenemos capacidad propia de obedecer a Dios o de resistir al mal. "Por cuanto los designios de la carne son enemistad contra Dios; porque no se sujetan a la ley de Dios, ni tampoco pueden; y los que viven según la carne no pueden agradar a Dios" (Ro. 8:7-8). El pecado impregna toda nuestra naturaleza. Nacemos con una inclinación pecaminosa. Tenemos un carácter caído antes que cometamos nuestro primer acto deliberado de pecado. De hecho, pecamos *debido a que* somos pecadores. No somos criaturas inocentes que de repente *se vuelven* pecadores al pecar por primera vez. No estamos inclinados al bien hasta que nos vemos expuestos al mal. No somos perfectos hasta que nuestros padres nos arruinan, como algunos pretenden. No nacemos ni siquiera moralmente *neutros*. Nacemos pecadores.

Todo esto es cierto también de nuestros hijos. Dejados a sí mismos, *seguirán* un curso pecaminoso. Y si se les deja *totalmente* a sí mismos, no hay mal alguno del que sean incapaces. El Salmo 58:3 dice: "Se apartaron los impíos desde la matriz; se descarriaron hablando mentira desde que nacieron". El apóstol Pablo cita una cadena de referencias del Antiguo Testamento en su epístola a los Romanos, donde muestra por la Biblia que no hay excepciones a la doctrina de la depravación humana. "Como está escrito: No hay justo, ni aun uno; no hay quien entienda, no hay quien busque a Dios. Todos se desviaron, a una se hicieron inútiles; no hay quien haga lo bueno, no hay ni siquiera uno. Sepulcro abierto es su garganta, con su lengua engañan. Veneno de áspides hay debajo de sus labios; su boca está llena de maldición y de amargura. Sus pies se apresuran para derramar sangre; quebranto y desventura hay en sus caminos, y no conocieron camino de paz. No hay temor de Dios delante de sus ojos" (Ro. 3:10-18).

Los padres se retraen instintivamente de pensar en estos términos. Lo que vemos en nuestros recién nacidos parece el mismo epítome de una pura y preciosa inocencia infantil.

Pero nuestros hijos no son inocentes cuando vienen al mundo, excepto en el sentido de que son ingenuos y carentes de experiencia. Toda la potencialidad para pecado de toda clase está ya presente en sus corazones, en forma seminal. Una proclividad al pecado impulsa sus corazones, mentes y voluntades. Y no tienen ninguna potencialidad innata para la verdadera santidad o para una rectitud que agrade a Dios. Tienen una condición ya totalmente depravada, solo esperando poderse expresar. Aunque tienen algún conocimiento del bien en sus corazones (Ro. 2:14-15), no harán ni pueden hacer el bien, porque aman el mal (Jer. 17:9; Jn. 3:19).

Si tienes problemas con estas reflexiones, piensa sencillamente que tus hijos son una versión en miniatura de ti mismo.

Muchos padres viven en el terror de que algo que hagan equivocado pueda perjudicar de alguna manera irreparable el carácter por otra parte virtuoso del niño. Creen que si algo va mal en la infancia, el niño podría comenzar a desviarse espiritualmente o a errar moralmente. Pero la verdad es que nuestros niños están ya estropeados por el pecado en el momento en que son concebidos. El impulso hacia el pecado está incorporado en su misma naturaleza. Todo lo que se precisa para la trágica cosecha es que se le permita al niño expresar esos malos deseos sin freno alguno.

En otras palabras, los hijos no se malean por algo que hagan sus padres. Nacen pecadores, y esta condición de pecadores se manifiesta debido a lo que sus padres *no* hacen.

La sociedad moderna ha producido más asesinos en masa, pervertidos, pedófilos, violadores y criminales endurecidos per cápita que casi ninguna otra sociedad en la historia. Los expertos sondean constantemente la pregunta: ¿Qué les sucedió cuando eran jóvenes? ¿Qué les hicieron sus padres? ¿Se encontraron en un ambiente de abuso? ¿Estuvieron en alguna clase de situación en la que se vieran gravemente maltratados? ¿Qué hicieron sus padres, o la sociedad, para que se volvieran malos?

La verdad es que tales personas no son un producto de algo que sus padres les *hicieran*. Son el producto de lo que sus padres *no* hicieron. De hecho, un sorprendente número de tales personas carecieron de una influencia paterna permanente, sino que fueron niños en un régimen de acogida. La mayoría de los demás tuvieron padres cuya influencia moral en sus vidas fue sencillamente nula.

Un ejemplo a señalar es el notorio Jeffrey Dahmer. Llegó a ser un asesino en masa homosexual, necrofílico y caníbal. Los expertos en todas partes estudiaron su infancia intentando identificar algún trauma que pudiera explicar una mente tan retorcida. Pero Dahmer había sido criado por una madre solícita que guardaba un detallado libro de recuerdos donde se registraban sus primeros pasos, su primer corte de cabello y su primer diente. Sus experiencias más traumáticas en la infancia fueron una operación de una hernia y la rotura del matrimonio de sus padres. Dahmer mismo dijo: "De niño, yo era igual que todos los demás". Pero en su temprana adolescencia comenzó a alimentar su apetito sádico torturando animales y haciendo repugnantes experimentos con sus cadáveres. Esto tuvo lugar durante una adolescencia relativamente poco supervisada en la que, según el propio testimonio de su madre, ella trató al máximo de darle todo lo que deseaba. Teniendo vía libre para hacer lo que quería, Dahmer sencillamente dio plena expresión a sus malvados deseos. Alimentó sus pecaminosos apetitos. Aquellos apetitos exigieron a su vez satisfacción por medio de perversiones siniestras, hasta que casi nada saciaba el deseo de Dahmer por hacer maldades.

¿Por qué está nuestra sociedad produciendo tantos psicópatas y degenerados? ¿Por qué se están cometiendo tantos crímenes violentos por parte de chicos que ni siquiera han entrado en la adolescencia? ¿Por qué tantas familias aparentemente "normales" producen hijos delincuentes? Creo que todos estos fenómenos están arraigados en el estilo permisivo tan popular entre los padres modernos. La tolerancia y la pasividad definen el actual estilo de la crianza de los hijos. El freno y la corrección son considerados como demasiado limitadores para la psique del niño. La autoestima ha tomado el puesto del autocontrol. Los padres tienen miedo de corregir una mala conducta. Son apremiados por los *expertos* a dejar que sus hijos se expresen con libertad. Demasiados padres están totalmente ausentes de la esfera de influencia moral de sus propios hijos. Simplemente, se permite que la naturaleza del niño siga su curso, y para cuando el padre o la madre se dan cuenta de la total depravación del corazón del niño, las cosas ya están abocadas a un curso de destrucción.

La Biblia dice: "La necedad está ligada en el corazón del muchacho; mas la vara de la corrección la alejará de él" (Pr. 22:15). Cuando se permite a los niños que simplemente sigan el curso de su naturaleza, el resultado es el desastre.

Aquel pequeño recién nacido, tan encantador como es, es ya un réprobo en marcha. Y si los padres no están comprometidos a criar aquel niño en la disciplina y amonestación del Señor, llegará finalmente a dar plena expresión a su depravación. Y en una sociedad crecientemente hostil a la piedad y que se está volviendo más y más tolerante hacia la maldad, no es asombroso que tantos niños a los que se deja que se desarrollen según sus propias inclinaciones se estén volviendo inimaginablemente malvados. Los numerosos incidentes de tiroteos en las escuelas durante la última década son solo la parte visible del iceberg. Si uno quiere probar cuán malvado es el lado oscuro de la cultura juvenil actual, solo es necesario acudir a la tienda local de discos y echar un vistazo a los discos compactos musicales que se venden en el mercado juvenil. Veremos música que glorifica todas las maldades, desde las más enormes perversiones sexuales hasta la ira, el odio y la rebelión, y desde la violencia gratuita hasta el más descarado culto a Satanás. Y la mayor parte de los padres no tienen ni idea de qué es lo que sus hijos están oyendo, ni de cómo se comportan.

Es simplemente peligroso, especialmente en una cultura como la nuestra, que un padre se retraiga y permita que la propia naturaleza de su hijo determine, en el sentido moral y ético, qué llega a ser él o ella. En este escenario, hablando humanamente, solo puede haber un resultado: una vida de pecado.

EL CONDUCTISMO NO DA LA RESPUESTA

Al llegar a este punto, algunos lectores pueden suponer que la solución que tengo en mente para tratar con la depravación del niño es un control estricto de la conducta junto con una estricta disciplina. No es así.

Desde luego, tanto las buenas maneras como la disciplina son aspectos necesarios en una crianza adecuada. Pero la enseñanza de buenas maneras a nuestros niños no es la solución al problema de la depravación humana. Y la aplicación de castigos por mala conducta tampoco resolverá el problema. De hecho, los padres que concentran todas sus energías en la corrección de la conducta externa, o en la represión de la mala conducta con amenazas de disciplina, pueden estar haciendo poco más que educar hipócritas.

He constatado esto una y otra vez. Conozco a padres cristianos que creen que su crianza es eficaz porque han enseñado a sus hijos a comportarse con educación, a responder "sí, señor", y "no, señora", y a hablar a los adultos solo cuando les hablen a ellos. Pero a espaldas de los padres, esos mismos niños pueden ser los más revoltosos e incorregibles de la iglesia, especialmente cuando están con sus iguales, sin figuras de autoridad presentes. Y los padres parecen cómodamente desconocedores del verdadero carácter de los niños. Casi cada maestro y monitor juvenil ha conocido la frustración de intentar tratar con un niño problemático cuyos padres sencillamente rehúsan creer que *su* hijo sea capaz de cometer faltas graves. Esto se debe a menudo a que los padres se han centrado solo en cuestiones de conducta en público, decoro externo y cortesía hacia otros adultos, pero no tienen un verdadero conocimiento del estado del corazón de sus hijos. Con frecuencia, el niño obedece para evitar el castigo.

La mera imposición de una conducta externa con la amenaza de disciplina es puro conductismo. Las buenas maneras producidas con este enfoque son simplemente una respuesta condicionada. En tanto que esta clase de control de la conducta pueda parecer que da unos espléndidos resultados durante un tiempo (especialmente cuando los padres están cerca), no hace frente al problema de la depravación, que es un problema del corazón.

EL AISLACIONISMO NO DA LA RESPUESTA

Muchos padres cristianos creen que han cumplido con su tarea como padres si construyen una coraza alrededor de sus hijos para aislarlos de las malas influencias. Restringen la exposición de sus hijos a la televisión, prohíben la música pop en casa, y a veces incluso prohíben la fraternización con hijos cuyos padres pueden no compartir su compromiso con esta clase de aislamiento.

Desde luego, hay mucho en la televisión y en otros medios de esparcimiento de lo que *deberíamos* proteger a nuestros hijos. Y por cuanto las normas están deteriorándose con tanta rapidez, es esencial que los padres cristianos provean *alguna* clase de aislamiento para sus hijos. Es simplemente una temeridad dejar que tus hijos naveguen por Internet sin supervisión, que escuchen cualquier música popular que decidan, o que miren la televisión o que vayan al cine sin ninguna supervisión paterna. Los padres que abandonan displicentemente el control de lo que sus hijos ven y oyen en una cultura como la nuestra cargan sobre sus hombros una enorme responsabilidad por su negligencia.

Pero tampoco el aislamiento total es la respuesta. La ingenuidad no es un rasgo que debamos cultivar en nuestros hijos. La gazmoñería es una insensata inmadurez. Deja a nuestros hijos simplones e inermes. Los ingenuos son fáciles blancos para la tentación. A lo largo del libro de Proverbios, los ingenuos (los "simples" en muchas traducciones) son presentados como ejemplos *negativos*:

- "¿Hasta cuándo, oh simples, amaréis la simpleza?" (Pr. 1:22)
- Porque el desvío de los ignorantes los matará, y la prosperidad de los necios los echará a perder". (1:32)
- "Vi entre los simples, consideré entre los jóvenes, a un joven falto de entendimiento". (7:7)
- "Entended, oh simples, discreción; y vosotros, necios, entrad en cordura". (8:5)
- "El simple todo lo cree; mas el avisado mira bien sus pasos. … Los simples heredarán necedad; mas los prudentes se coronarán de sabiduría". (14:15, 18)
- "El avisado ve el mal y se esconde; mas los simples pasan y reciben el daño". (22:3; cp. 27:12)

Aquí debo pedir que no se me comprenda mal: hay una clase de santa inocencia que debemos cultivar no solo en nuestros hijos, sino también en nosotros mismos. El apóstol Pablo escribió: "Quiero que seáis sabios para el bien, e ingenuos para el mal" (Ro. 16:19). Pero en este contexto se estaba refiriendo al conocimiento procedente de la experiencia personal. Este versículo viene al final de varios capítulos de instrucciones prácticas de parte del apóstol. Lo que estaba diciendo era que quería que los romanos tuvieran una buena práctica en buena conducta, pero que carecieran de experiencia en lo que se refería al mal.

Carencia de experiencia directa e ingenuidad no son lo mismo. Pablo no quería decir que los deseaba ignorantes de la existencia del mal. Desde luego, no estaba abogando por una ignorancia deliberada ni por una ceguera voluntaria acerca de la *realidad* del mal. Los quería prudentes, no mojigatos. La diferencia es significativa.

Los padres no pueden, y no deben, tratar de aislar totalmente a sus hijos de la verdad acerca del pecado y de las sutilezas de la tentación. No deberíamos cultivar en nuestros hijos la clase de "inocencia" que los dejará expuestos y vulnerables a tentaciones que nunca se imaginarían que existen. Nuestra tarea es enseñarles a discernir, no criarlos como mojigatos.

Sé de un curso para padres cristianos que alienta a madres y a padres a que eviten dar a sus hijos ninguna clase de instrucción detallada acerca de cuestiones sexuales, no solo durante la infancia y la adolescencia, sino hasta e incluyendo la noche de bodas de su hijo o hija. Las inevitables preguntas del niño acerca de anatomía y del desarrollo corporal durante la pubertad se supone que deben ser soslayadas con respuestas vagas, poniendo en claro que el *tema* mismo del sexo es tabú. Si se debe hacer frente a preguntas acerca de la reproducción, deben tratarse usando los órganos de una flor, por temor a que algo más explícito despoje al niño de su inocencia. Según este método, la mera exposición a los *hechos* acerca de la reproducción humana pone en riesgo la inocencia moral del niño. Este curso en particular llega hasta el extremo de advertir a los padres que no permitan a sus hijos entrar en exposiciones de arte clásico porque incluyen estatuas y pinturas mostrando figuras desnudas.

Esta clase de aislacionismo es una receta para el desastre. Es una perspectiva totalmente antibíblica. El sexo no es presentado en la Biblia como inherentemente malo, ni se trata como un tabú. El sexo fuera del matrimonio es desde luego pecaminoso, pero dentro del matrimonio, la unión de marido y mujer es santa y honrosa (He. 13:4). El tema en sí no constituye una amenaza a una inocencia apropiada, piadosa y moral. ¿Cómo pueden nuestros hijos esperar llegar a una comprensión apropiada y bíblica de estas cosas si las tratamos como una amenaza a su inocencia? Desde luego, la Biblia no lo hace así. Todo un libro del Antiguo Testamento, el Cantar de los Cantares, fue escrito para celebrar el gozo y la pureza de la intimidad matrimonial. Desde luego, no hay mandamiento ni principio alguno en la Biblia que ponga estas cuestiones fuera del ámbito de la instrucción paterna.

Al contrario, la instrucción apropiada de los niños en estas cuestiones forma parte indispensable de la responsabilidad de los padres. La abdicación de esta responsabilidad asegura en la práctica que tus hijos quedarán más influidos por los valores y costumbres que aprendan de los maestros en la escuela y de sus iguales. Es casi imposible, y desde luego el enfoque erróneo, mantener a los hijos *totalmente* aislados de todas las influencias externas a la familia. Con toda probabilidad, *aprenderán* acerca de estas cosas de otras fuentes, no importa cuánto sean protegidos. Si los padres han declinado transmitir un conocimiento piadoso acerca del sexo y de la reproducción humana, se multiplican las probabilidades de que el niño desarrolle actitudes *impías* hacia esta realidad.

Además, la idea de que los padres están preservando la inocencia del niño declarando tabúes ciertos temas y aislando a los niños de la verdad acerca de los mismos ignora la realidad de que muchos de nuestros deseos pecaminosos son innatos. Los apetitos pecaminosos son inherentes a nuestra naturaleza caída. No se trata meramente de conductas aprendidas. Rehúsa enseñar a tus hijos *nada* acerca del sexo, y no solo te perderás la oportunidad de darles una perspectiva recta, sino que también podrás estar desencadenando las malvadas imaginaciones de tu hijo para que funcionen sin freno.

Un principio similar se demuestra cierto en el caso de los que intentan aislar a sus hijos de todas las influencias negativas de la cultura secular. El aislamiento extremo priva a los padres de unas valiosas oportunidades de enseñar discernimiento a sus hijos. Por ejemplo, bien puede ser más provechoso ver "La Guerra de las Galaxias" con tus hijos y enseñarles cómo identificar y refutar su errónea filosofía de la Nueva Era, en lugar de intentar mantener en cuarentena espiritual a tus hijos, totalmente exentos de tales influencias.

En primer lugar, los padres no podrán aislar a sus hijos para siempre. Llegará el día en que quedarán expuestos al mundo real, y mejor será que estén preparados con un criterio y con la sabiduría para percibir y resistir a Satanás y a las seducciones del mundo.

Pero en segundo lugar, es un error creer que por aislar a nuestros hijos de influencias externas los mantendremos de alguna forma exentos de toda tentación al mal. La fuente más persistente de tentación no es el mundo ni Satanás, sino la carne. Se puede a menudo eludir la influencia del mundo y de Satanás, pero no se puede escapar a la influencia de la propia carne. La carne es una constante fuente de tentaciones de las que *no puedes* eximir a tus hijos.

Cometemos un grave error si pensamos en nuestros hijos como unos angelitos que deben ser tratados de manera delicada para que no se corrompan. En realidad, se trata de corrompidos pecadorcillos que deben ser guiados hacia la justicia.

LA AUTOESTIMA NO DA LA RESPUESTA

Una filosofía que ha conformado enfoques seculares a la crianza de los hijos durante décadas, tanto en la escena secular como en la iglesia, se fundamenta en la idea de que los padres deberían hacer todo lo posible por potenciar la autoestima de sus hijos. Los expertos en autoestima nos dicen que si los niños y los adolescentes (por no mencionar a los adultos) tuviesen una mejor opinión de sí mismos, se resolverían la mayoría de sus problemas psicológicos y emocionales.

La raíz de todos estos problemas, dicen ellos, es que las personas no poseen un suficiente respeto hacia sí mismas. Si tuvieran más orgullo, si se considerasen como personas buenas, nobles, maravillosas, no solo se comportarían mejor, sino que se tratarían mejor unos a otros.

Los proponentes de la autoestima generalmente apuntan a los padres, y argumentan que nuestros padres son los culpables de nuestra pobre autoestima, y advierten a los padres de que deben hacer todo lo posible por elevar el sentido de autoestima de sus hijos. Advierten a los padres que no se centren en corregir la mala conducta, sino a que ejerzan mayores esfuerzos por potenciar la propia imagen del hijo. Sugieren que se debe enseñar a los niños a amarse a sí mismos de la manera en que son; a aceptarse a sí mismos; y a sentirse bien consigo mismos.

El mismo tema se repite de manera constante en cada medio, desde libros para niños a canciones populares. Un ejemplo típico lo tenemos en la canción de Whitney Houston de 1986, que ganó dos discos de platino: "El mayor de todos los amores": una descarada alabanza a la autoestima.

Los profesionales del espectáculo, los educadores y pretendidos expertos de todas clases, cantan todos el mismo coro, exaltando el amor propio como la gran solución de los problemas de nuestros jóvenes. Las federaciones deportivas infantiles han comenzado a patrocinar campeonatos en los que no hay perdedores (y por consiguiente ningunos ganadores, ni tampoco ninguna verdadera competición). Las escuelas han adoptado varios sistemas de calificación que aseguran que nadie fracasa, eliminando en la práctica todo incentivo para que los estudiantes trabajen y se esfuercen. Una nueva técnica para potenciar la autoestima es la "ortografía inventiva". Los maestros permiten, e incluso animan, a los niños a escribir las palabras de cualquier manera "que les parezca bien". Nunca se corrige la ortografía por temor a que esto desaliente la capacidad del niño para expresarse por escrito. (Yo ya practicaba la ortografía inventiva cuando estaba en la escuela, pero ninguno de mis maestros se dio cuenta del genio creativo en mi técnica.)

El trabajo esforzado, la verdadera excelencia, la buena conducta y el dominio propio, todo esto ha sido sacrificado en el altar de la autoestima. Por encima de todo, se nos dice, debemos enseñar a nuestros hijos a gustarse a sí mismos de la manera en que son. Sugerirles que hay cosas que deben cambiar es considerado como el peor de los pasos en falso que puede dar un padre. Así, millones de padres han abandonado todos los esfuerzos por alentar a sus hijos a mayores logros o a un carácter más noble.

Pero los campeones de la autoestima tampoco quieren que los padres se sientan incómodos por sus fracasos paternos. Un artículo sobre autoestima en una revista muy en boga para padres asegura a los padres que deben aprender a amarse a sí mismos antes que puedan ayudar a sus hijos a alcanzar una autoestima apropiada. Un crítico de la corriente de la autoestima observó sabiamente que esta es una de las más astutas distorsiones del movimiento de la autoestima: Presentar el egocentrismo como altruismo. El egoísmo ha sido convertido en una virtud: "El mayor de todos los amores".

La verdad es que mucho en el moderno esfuerzo por desencadenar la autoestima en los niños es sencillamente echar gasolina en un fuego rugiente. Alienta a unos niños ya egoístas a pensar que tienen toda la justificación para conseguir lo que quieren. Hace pensar a los padres que deben consentir a sus hijos, sea lo que sea, porque el niño tiene derecho a expresarse libremente, para que se sienta bien consigo mismo. Todo esto solo sirve para impulsar una conducta descontrolada y alimenta las peores tendencias de la depravación humana.

¿Quieres *asegurar* que tu hijo llegue a ser un delincuente? Alimenta su autoestima y luego complica el problema del egoísmo rehusando corregirlo cuando haga algo malo.

La autoestima se basa en una perspectiva no bíblica. Está diametralmente opuesta a la verdad de la depravación humana. Además, en tanto que la Biblia recomienda el *dominio* propio como fruto del Espíritu, la Biblia no tiene nada bueno que decir acerca de la autoestima, del amor propio ni de ninguna variedad de egocentrismo. A pesar de lo a menudo que oímos el *mantra* cantado por los pretendidos expertos, el movimiento de la autoestima *no* es lo que necesita tu hijo.

LA MAYOR NECESIDAD DE TU HIJO: LA REGENERACIÓN

Hay solo un remedio para la depravación innata del niño: El nuevo nacimiento. La regeneración. Como dijo Jesús a Nicodemo: "Lo que es nacido de la carne, carne es; y lo que es nacido del Espíritu, espíritu es. ...Os es necesario nacer de nuevo" (Jn. 3:6-7).

"Nacido de la carne" con una inclinación pecaminosa, tu hijo no tiene la capacidad de liberarse a sí mismo de la esclavitud del pecado. Carece del Espíritu Santo. No tiene capacidad para agradar a Dios ni para obedecerle de corazón. Habiendo nacido de la carne, es carnal. Y "los designios de la carne son enemistad contra Dios; porque no se sujetan a la ley de Dios, ni tampoco pueden; y los que viven según la carne no pueden agradar a Dios" (Ro. 8:7-8).

En otros lugares, la Biblia describe a los irregenerados como "muertos en... delitos y pecados... en los deseos de [su] carne, haciendo la voluntad de la carne y de los pensamientos... por naturaleza hijos de ira" (Ef. 2:1, 3). Guste o no, esta es una adecuada descripción de tu hijo; hasta que nazca de nuevo.

Tu mayor prioridad como padre, entonces, es ser un evangelista en tu propio hogar. Debes enseñar a tu hijo la ley de Dios; enseñarle el evangelio de la gracia divina; mostrarle la necesidad que tiene de un Salvador, y señalarle a Jesucristo como el único que puede salvarlo. Si crece sin una aguda conciencia de su necesidad de salvación, tú, como padre, habrás fracasado en tu tarea primordial como su guía espiritual.

Pero observa esto: la regeneración no es algo que tú puedas hacer *por* él. Los padres que fuerzan, coercen o manipulan a sus hijos puede que los presionen a una *falsa* profesión de fe, pero la fe genuina es algo que solo la gracia divina puede originar. El nuevo nacimiento es una obra del Espíritu Santo. "El viento sopla de donde quiere, y oyes su sonido; mas ni sabes de dónde viene, ni a dónde va; así es todo aquel que es nacido del Espíritu" (Jn. 3:8). Dios obra de forma soberana en los corazones de tus hijos para atraerlos a Él mismo. Su salvación es una cuestión que en último término ha de ser resuelta entre ellos y Dios.

Pero como padres, son responsables de exaltar a Cristo en sus hogares y de dirigir a sus hijos a Él como Salvador. "¿Cómo, pues, invocarán a aquel en el cual no han creído? ¿Y cómo creerán en aquel de quien no han oído? ¿Y cómo oirán sin haber quien les predique?" (Ro. 10:14). Como padres creyentes, ustedes son los primeros y más importantes predicadores que Dios les ha dado. Ellos observarán las vidas de ustedes de cerca, para ver si *ustedes* creen en serio lo que les están enseñando. Ponderarán lo que les enseñan acerca de estas cuestiones desde la época más temprana en que puedan comprender algo. Tienen mejor oportunidad que nadie para ayudar a conformar lo que saben acerca de Cristo. Cada momento de sus vidas es una oportunidad para enseñarles (Dt. 6:6-7), y deben usar estas oportunidades para mayor ventaja para sus hijos.

Esta es la razón por la que tantos padres creen que la crianza de los hijos es algo desesperanzadamente complicado: Ignoran la *mayor* necesidad de sus hijos y en lugar de ello concentran sus esfuerzos en potenciar la propia imagen de su hijo, en dirigir su conducta externa, en proteger al hijo de influencias externas, o en algún otro enfoque que trata los síntomas y no la causa. Todos estos enfoques solo multiplican las complejidades de la función paterna.

Es destacable que cuando el apóstol Pablo delinea los diversos papeles y responsabilidades de los miembros de la familia, recapitula toda la tarea de la crianza de los hijos en una amonestación de un solo versículo para el padre. Tras recordar a los hijos el deber que tienen bajo el Quinto Mandamiento, pasa su atención al papel del padre: "Y vosotros, padres, no provoquéis a ira a vuestros hijos, sino criadlos en disciplina y amonestación del Señor" (Ef. 6:4).

No nos habría sorprendido que el apóstol Pablo hubiera dedicado todo un capítulo, o incluso una epístola entera, para delinear las responsabilidades de los padres. En lugar de ello, recapituló toda la crianza de los hijos en un solo versículo, y pudo hacerlo así porque la tarea queda perfectamente definida. "Criadlos en disciplina y amonestación del Señor".

En un capítulo siguiente, contemplaremos la faceta negativa de la amonestación de Pablo ("No provoquéis a ira a vuestros hijos".) Pero en el capítulo que viene a continuación, comenzaremos a examinar lo que significa criar a nuestros hijos en la disciplina y amonestación del Señor. Y comenzaremos con unas líneas maestras muy prácticas para hacer frente a la mayor necesidad de tus hijos: conducirlos a Cristo.

TRES

❧❧

Buenas nuevas para tus hijos

De cierto os digo, que el que no reciba el reino
de Dios como un niño, no entrará en él.
—MARCOS 10:15

La pregunta práctica que más veces me hacen los padres es la siguiente: "¿Cómo debería presentar el evangelio a mis hijos?" Prácticamente todos los padres que hacen frente a esta responsabilidad se sienten intimidados por los obstáculos que perciben, tanto reales como imaginados. Por una parte, hay el peligro de la excesiva simplificación. Por la otra, no queremos confundir a nuestros niños con detalles teológicos que están más allá de su capacidad. ¿Cuál es la mejor aproximación? ¿Cuándo es el mejor momento para empezar? ¿Cuándo son nuestros hijos "suficientemente mayores" para poder tener una fe genuina y salvadora? ¿Y si hacen preguntas que no sabemos contestar? ¿Cómo sabremos que lo estamos haciendo bien? Parece muy fácil que los padres den a sus hijos un mensaje inadecuado o distorsionado.

Sin embargo, no hay necesidad alguna de quedarse paralizado por tales temores. El evangelio es sencillo y debería presentarse con sencillez. Los padres tienen los mejores años de sus hijos para explicar, aclarar, acentuar y destacar las verdades del evangelio. La clave reside en ser fiel y consecuente tanto en la enseñanza como en la vivencia del evangelio. Una de las peores cosas que pueden hacer los padres es dejarse intimidar y pensar que alguna otra persona será un mejor evangelista para su hijo, y así abdicarse de esta responsabilidad tan crucial, perdiéndose así las mejores oportunidades para alcanzar a sus hijos, y desperdiciando las mejores bendiciones de la paternidad.

TOMA EL TIEMPO NECESARIO Y ACTÚA A FONDO

Este es un consejo básico: Piensa en la misión de llevar tus hijos a Cristo como una labor a largo plazo y a total dedicación: el deber más importante que Dios te ha dado como padre.

Sé exhaustivo. No hay ninguna buena razón por la que los padres tengan que suavizar ni resumir el evangelio para sus hijos. Los padres, más que nadie, tienen tiempo abundante para ser exhaustivos y claros; para explicar e ilustrar; para escuchar las reacciones; para corregir malos entendidos y para aclarar y repasar las partes difíciles. Es el mejor marco posible para el evangelismo. El padre sabio será fiel, paciente, persistente y exhaustivo. De hecho, esto es precisamente lo que la Biblia demanda de cada padre: "Y estas palabras que yo te mando hoy, estarán sobre tu corazón; y las repetirás a tus hijos, y hablarás de ellas estando en tu casa, y andando por el camino, y al acostarte, y cuando te levantes" (Dt. 6:6-7).

No pienses que el evangelio es algo apropiado solo para ocasiones evangelísticas. No supongas que las clases de Escuela Dominical o que los clubes bíblicos para niños darán a tus hijos toda la verdad del evangelio que necesitan. Busca y aprovecha las muchas oportunidades diarias que tendrás para destacar e inculcar verdades del evangelio en el pensamiento de tu hijo.

No te apoyes demasiado en presentaciones enlatadas o estereotipadas del evangelio. Muchos de los enfoques programados de evangelismo infantil dejan fuera partes clave del mensaje. Dejan de explicar los conceptos de pecado y de la santidad de Dios. No dicen nada de arrepentimiento. Pero luego suelen solicitar alguna respuesta activa de parte del niño: levantar las manos en un contexto de un grupo, una oración formulada sobre la falda de la madre, o casi cualquier cosa que se pueda considerar como una respuesta positiva. Después de ello, el niño es considerado regenerado, y los padres son alentados a dar seguridades verbales de salvación. Como consecuencia, la iglesia está llena de adolescentes y adultos cuyos corazones están vacíos de un verdadero amor a Cristo, pero piensan que son cristianos genuinos por algo que *hicieron* siendo niños.

Evita este peligro. No supongas que la primera respuesta positiva de tu hijo es una fe salvadora totalmente desarrollada. Si crees que una oración de un niño o una niña de tres años que invita a Jesús a entrar en su corazón le garantiza automáticamente la entrada en el reino, tu concepto de lo que significa confiar en Cristo no es muy bíblico.

Es cierto que la fe salvadora es una confianza como la de un niño, y en este sentido todos los pecadores tienen que volverse como niños pequeños para ser salvos (Mt. 18:3-4). Pero el énfasis en esta declaración no recae en la *ignorancia* de los niños sino en su carencia de logros y en su total indefensión. No tienen logros personales que valgan para nada en su salvación (Fil. 3:7-9). Son indefensos, y dependen totalmente de Dios para que les provea de todo. Igual que un niño pequeño.

Por otra parte, la verdadera fe involucra comprender y afirmar algunos importantes conceptos que pueden estar fuera del alcance de los niños pequeños (Ro. 10:14; cp. 1 Co. 14:20). El único objeto de fe genuina es Jesucristo *tal como es Él presentado en el evangelio.* ¿Cómo pueden los niños ejercitar una verdadera fe salvadora antes de ser lo suficientemente mayores para comprender y afirmar elementos esenciales y objetivos de la verdad del evangelio? La fe salvadora no es una fe *ciega.* La fe verdadera que salva no puede ser ignorante de conceptos esenciales del evangelio como el bien y el mal, pecado y castigo, arrepentimiento y fe, la santidad de Dios y su ira contra el pecado, Cristo como Dios encarnado, la idea de la expiación por el pecado, y el significado de la resurrección y del señorío de Cristo.

La edad específica en la que el entendimiento del niño es suficientemente maduro para comprender conceptos así puede diferir para cada niño. (De modo que no hay una manera fiable de señalar una edad física "de responsabilidad".) Pero hasta que el niño llega a demostrar algún grado de un verdadero entendimiento y alguna medida de fruto espiritual, los padres no deberían apresurarse a considerar la regeneración del niño como cosa establecida.

Sin embargo, no se deben descontar las expresiones infantiles de fe como sin significado o como cosas triviales. Los padres deberían alentar cada señal de fe en sus hijos. No los ridiculices ni los desmerezcas por cosas que no comprendan bien. Emplea la oportunidad para enseñarles más. Alimenta su deseo de aprender sobre Cristo, y anima cada profesión de fe. Incluso si piensas que es demasiado temprano para considerar su interés en Cristo como una fe madura, no lo menosprecies como una mera falsa profesión. Puede que sea la semilla de la que luego surgirá una fe madura. Y no te desalientes por las faltas de comprensión o por la ignorancia. Hasta el más maduro creyente no comprende plenamente toda la verdad. Sigue enseñándoles en el espíritu de Deuteronomio 6:6-7.

Nada de lo que pueda hacer un padre garantizará en último término la salvación de un hijo. No podemos creer *por* ellos vicariamente. Podemos coercerlos o manipularlos hasta llevarlos a una falsa profesión de fe, pero la fe *genuina* es generada por la obra de Dios en el corazón del niño (Jn. 6:44-45). Podemos llevarlos hablando hasta una falsa certidumbre, pero la *verdadera* certidumbre es la obra del Espíritu Santo (Ro. 8:15-16). Cuídate que no te entrometas en un ámbito que pertenece solo a Dios. No emplees inducciones externas, presión de los iguales, el poder de la sugestión, la atracción de la aprobación, el temor al rechazo, ni ningunos otros medios artificiales, para suscitar una respuesta artificial de tu hijo. Más bien sé fiel, paciente y exhaustivo. E impregna tus esfuerzos con oración por la salvación de tu hijo, teniendo siempre en mente que Dios hace su obra allí donde tú no puedes: en el corazón del niño.

ENSÉÑALES TODO EL CONSEJO DE DIOS

Exactamente, ¿cómo deberíamos presentar el evangelio a nuestros hijos? Muchos de los que hacen esta pregunta buscan un bosquejo simplificado. Quieren un plan de salvación encapsulado en el que el mensaje quede destilado en cuatro o cinco puntos básicos, o menos, si es posible. Hablando con franqueza, el moderno evangelicalismo es demasiado propicio a esta clase de reduccionismo del evangelio. La colección de tratados de una iglesia en su aparador incluía todos estos títulos: *Seis pasos a la paz con Dios; Cinco cosas que Dios quiere que tú sepas; Las cuatro leyes espirituales; Tres verdades sin las que no puedes vivir; Dos asuntos que debes solucionar;* y *Un camino al cielo.*

Como he observado antes, muchos de los enfoques encapsulados del evangelio omiten deliberadamente verdades importantes como el arrepentimiento y la ira de Dios contra el pecado. Algunas influyentes voces en el moderno evangelicalismo han llegado a argumentar que esas verdades (y otras, incluyendo el señorío de Cristo, su llamamiento a la obediencia, y el alto costo del discipulado) son cosas ajenas al evangelio. Dicen que esas cuestiones no deberían siquiera tratarse cuando se habla con no creyentes. Otros dirigentes cristianos, en su deseo de unidad ecuménica entre católicos, ortodoxos y evangélicos, sugieren que cuestiones doctrinales importantes como la justificación por la fe y la expiación vicaria no son realmente esenciales para el evangelio. Están de manera efectiva llamando también a un enfoque del evangelio en su mínima expresión. Su apertura ecuménica implica que casi cualquier clase de fe genérica en Cristo puede considerarse como una fe salvadora auténtica, ignorando el hecho de que el Nuevo Testamento condena a los que profesan creer en Cristo en tanto que rechazan o distorsionan la doctrina de la justificación (Gá. 1:6-9). Parece que *muchos* evangélicos están obsesionados con encontrar cuán poca verdad de Dios puede creer alguien y con todo entrar en el cielo. Muchos de los modernos enfoques populares al evangelismo han sido conformados sobre la base de esta dinámica.

Pero los padres, más que nadie, deberían resistirse a la tentación de pensar en estos términos. El tipo de enseñanza constante, fiel y diligente demandada en Deuteronomio 6:6-7 es incompatible con un enfoque minimalista del evangelio.

El evangelio es las buenas nuevas acerca de Cristo. En cierto sentido, el evangelio incluye *toda* la verdad acerca de Él. No hay necesidad de pensar en ningún aspecto de la verdad bíblica como incompatible con el evangelio o ajeno al mismo. De hecho, por cuanto Cristo es la suma y recapitulación de toda la revelación bíblica (He. 1:1-3), cada verdad de la Biblia apunta en último término a Él. Y por ello nada de la misma está fuera de lugar en contextos evangelísticos. Se podría decir de manera exacta, así, que los padres que quieran instruir plenamente a sus hijos deben enseñarles *todo el consejo de Dios,* siendo solícitos en mostrar las ramificaciones evangélicas en toda esta verdad. Este es, creo yo, el verdadero espíritu de lo que ordena Deuteronomio 6:6-7.

De todos modos, ninguna fórmula puede, por sí misma, suplir las necesidades de cada persona irregenerada. Los *ignorantes* necesitan saber quién es Cristo y por qué Él ofrece la única esperanza de salvación (Ro. 10:3).

Los *indiferentes* deben ser confrontados con la realidad del juicio que se avecina (Jn. 16:11). Los *atemorizados* necesitan saber que Dios es misericordioso, y que no se deleita en la muerte de los malvados, sino que está rogando a los pecadores que acudan a Él para recibir misericordia (Ez. 33:11). A los *hostiles* se les debe mostrar la futilidad de oponerse a la voluntad de Dios (Sal. 2:1-4). Aquellos que pretenden justificarse *a sí mismos* deben ver su pecaminosidad expuesta por las demandas de la ley de Dios (Ro. 3:20). Los *soberbios* necesitan oír que Dios aborrece la soberbia (1 P. 5:5). *Todos* los pecadores deben comprender que Dios es santo y que Cristo ha cumplido todas las demandas de la perfecta justicia de Dios en favor de los pecadores (1 Co. 1:30). Cada presentación del evangelio debería incluir una explicación de la muerte de Cristo como sacrificio por el pecado (15:3). Y el mensaje no es el evangelio si no narra también su sepultura y el triunfo de su resurrección (vv. 4, 17).

DESTACA LAS DOCTRINAS MÁS VITALES DEL EVANGELIO

Junto con el compromiso a ser exhaustivos, además, los padres deben también poner toda solicitud en destacar ciertas verdades que son particularmente cruciales para una correcta comprensión del evangelio. Aquí hay algunas indicaciones que te servirán de ayuda para ordenar tu exposición:[1]

Enséñales acerca de la santidad de Dios

"El principio de la sabiduría es el temor de Jehová" (Sal. 111:10; Job 28:28; Pr. 1:7; 9:10; 15:33; Ec. 12:13; Mi. 6:9). Aquí no se hace referencia a un miedo abyecto. No se trata de la clase de temor que considera a Dios como si su ira fuese caprichosa. Más bien se trata de un temor devoto y reverencial a ofender la santidad de Dios, basado en una verdadera comprensión de Dios como aquel que es "muy limpio… de ojos para ver el mal, ni [puede] ver el agravio" (Hab. 1:13).

Dios es absolutamente santo, y por tanto su ley exige una santidad perfecta. "Porque yo soy Jehová vuestro Dios; vosotros por tanto os santificaréis, y seréis santos, porque yo soy santo; así que no contaminéis vuestras personas …Seréis, pues, santos, porque yo soy santo" (Lv. 11:44-45). "Él es Dios santo, y Dios celoso; no sufrirá vuestras rebeliones y vuestros pecados" (Jos. 24:19). "No hay santo como Jehová; porque no hay ninguno fuera de ti, y no hay refugio como el Dios nuestro" (1 S. 2:2). "¿Quién podrá estar delante de Jehová el Dios santo?" (6:20). "Jehová está en su santo templo; Jehová tiene su trono en el cielo; sus ojos ven, sus párpados examinan a los hijos de los hombres. Jehová prueba al justo; pero al malo y al que ama la violencia, su alma los aborrece. Sobre los malos hará llover calamidades; fuego, azufre y viento abrasador será la porción del cáliz de ellos. Porque Jehová es justo, y ama la justicia; el hombre recto mirará su rostro" (Sal. 11:4-7). "Sed santos, porque yo soy santo"(1 P. 1:16). "Seguid …la santidad, sin la cual nadie verá al Señor" (He. 12:14).

Por cuanto es santo, Dios aborrece el pecado. "No te inclinarás [ante dioses ajenos], ni [los] honrarás. Porque yo soy Jehová tu Dios, fuerte, celoso, que visito la maldad de los padres sobre los hijos hasta la tercera y cuarta generación de los que me aborrecen" (Éx. 20:5). "Porque tú no eres un Dios que se complace en la maldad; el malo no habitará junto a ti" (Sal. 5:4). "Dios es juez justo, y Dios está airado contra el impío todos los días" (7:11).

Los pecadores no pueden estar en pie ante Él. "Por tanto, no se levantarán los malos en el juicio, ni los pecadores en la congregación de los justos" (Sal. 1:5). "Los insensatos no estarán delante de tus ojos; aborreces a todos los que hacen iniquidad" (5:5). "¿Quién subirá al monte de Jehová? ¿Y quién estará en su lugar santo? El limpio de manos y puro de corazón; el que no ha elevado su alma a cosas vanas, ni jurado con engaño" (24:3-4).

Muéstrales su pecado

Enseña claramente a tus hijos desde su más tierna infancia que la mala conducta no es solo una ofensa contra mamá y papá; es también pecado contra un Dios santo, que exige que los hijos obedezcan a sus padres (Éx. 20:12).

Ayuda a educar la conciencia de tus hijos de modo que consideren su mala conducta como un pecado por el que al final tendrán que rendir cuentas a Dios; no solo como una mala conducta contra sus padres. Enséñales esto con amor verdadero y una ternura genuina, no de forma amenazadora.

Ayudar a tus hijos a comprender su propio pecado no significa estar constantemente criticándolos y desacreditándolos. Desde luego, no significa que rehúses elogiarlos por lo que hacen bien. Oí de un padre y una madre que se enojaron mucho con la abuelita, que mientras estaba haciendo saltar al sonriente pequeño de ellos de seis meses sobre su rodilla, dijo al pequeñuelo: "¡Qué buen chico!" Estos padres arrancaron al bebé de sus manos y reprendieron severamente a la abuela, acusándola de enseñar "falsa doctrina" al pequeño. Esto es más que algo excesivo.

Enseñarles que son pecadores no significa menospreciarlos ni atormentarlos con un constante acoso verbal por sus fallos. El objetivo no es quebrantar su espíritu censurándolos constantemente. Más bien, les debes enseñar con ternura y los debes ayudar a considerar su condición caída desde la perspectiva de Dios. Necesitan llegar a la apreciación de *por qué* son atraídos al pecado, y en último término deben llegar a sentir su propia necesidad de redención.

Jesús dijo: "Los sanos no tienen necesidad de médico, sino los enfermos. No he venido a llamar a justos, sino a pecadores" (Mr. 2:17).

No temas enseñar a tus hijos las demandas de la ley de Dios. Naturalmente, la ley y el evangelio tienen propósitos diferentes. Sabemos que los pecadores no pueden ser justificados por las obras de la ley (Gá. 2:16). Pero no concluyamos por ello que la ley no tiene papel alguno en la proclamación del evangelio. La ley revela nuestro pecado (Ro. 3:20; 7:7) y muestra la verdadera naturaleza del pecado (7:13). La ley es un ayo para llevarnos a Cristo (Gá. 3:24). Es el principal medio que usa Dios para llevar a los pecadores a la conciencia de su impotencia. Bien lejos de estar fuera de lugar en la instrucción del evangelio, la ley y sus justas demandas están en el punto de arranque de la presentación sistemática que Pablo hace del evangelio (Ro. 1:16–3:20). Las normas morales de la ley son el fundamento necesario para comprender la naturaleza del pecado.

El pecado es la violación de la ley de Dios. "Todo aquel que comete pecado, infringe también la ley; pues el pecado es infracción de la ley" (1 Jn. 3:4). "Toda injusticia es pecado" (5:17). "No conocí el pecado sino por la ley" (Ro. 7:7).

El pecado hace imposible la verdadera paz para los incrédulos. "Pero los impíos son como el mar en tempestad, que no puede estarse quieto, y sus aguas arrojan cieno y lodo. No hay paz, dijo mi Dios, para los impíos" (Is. 57:20-21). "¡Ay de los que …piensan iniquidad" (Mi. 2:1).

Todos han pecado. "Todos pecaron, y están destituidos de la gloria de Dios" (Ro. 3:23).

"Como está escrito: No hay justo, ni aun uno; no hay quien entienda, no hay quien busque a Dios. Todos se desviaron, a una se hicieron inútiles; no hay quien haga lo bueno, no hay ni siquiera uno" (3:10-12).

El pecado hace que el pecador sea digno de muerte. "El alma que pecare, esa morirá" (Ez. 18:4). "El pecado, siendo consumado, da a luz la muerte" (Stg. 1:15). "Porque la paga del pecado es muerte" (Ro. 6:23).

Los pecadores no pueden hacer nada para ganarse la salvación. "Si bien todos nosotros somos como suciedad, y todas nuestras justicias como trapo de inmundicia; y caímos todos nosotros como la hoja, y nuestras maldades nos llevaron como viento" (Is. 64:6). "Por las obras de la ley ningún ser humano será justificado delante de él" (Ro. 3:20). "El hombre no es justificado por las obras de la ley ...por cuanto por las obras de la ley nadie será justificado" (Gá. 2:16).

Los pecadores no pueden cambiar su propia naturaleza de pecado. "Aunque te laves con lejía, y amontones jabón sobre ti, la mancha de tu pecado permanecerá aún delante de mí, dijo Jehová el Señor" (Jer. 2:22). "¿Mudará el etíope su piel, y el leopardo sus manchas? Así también, ¿podréis vosotros hacer el bien, estando habituados a hacer mal?" (13:23). "Los designios de la carne son enemistad contra Dios; porque no se sujetan a la ley de Dios, ni tampoco pueden; y los que viven según la carne no pueden agradar a Dios" (Ro. 8:7-8).

Los pecadores están por tanto en un estado de impotencia. "Está establecido para los hombres que mueran una sola vez, y después de esto el juicio" (He. 9:27). "No hay nada encubierto, que no haya de descubrirse; ni oculto, que no haya de saberse. Por tanto, todo lo que habéis dicho en tinieblas, a la luz se oirá; y lo que habéis hablado al oído en los aposentos, se proclamará en las azoteas" (Lc. 12:2-3). "Dios juzgará por Jesucristo los secretos de los hombres" (Ro. 2:16). "Los cobardes e incrédulos, los abominables y homicidas, los fornicarios y hechiceros, los idólatras y todos los mentirosos tendrán su parte en el lago que arde con fuego y azufre, que es la muerte segunda" (Ap. 21:8).

Instrúyelos acerca de Cristo y de lo que Él ha hecho

Enseñar a tus hijos acerca de su propio pecado no es en absoluto un fin en sí mismo. Tienes que indicarles también el único remedio para el pecado: Jesucristo. Él es el centro del mensaje del evangelio, de modo que el fin último y el designio de *toda* tu instrucción espiritual debería ser instruirles acerca de Jesucristo

Él es eternamente Dios. "En el principio era el Verbo, y el Verbo era con Dios, y el Verbo era Dios. Este era en el principio con Dios. Todas las cosas por él fueron hechas, y sin él nada de lo que ha sido hecho, fue hecho. ...Y aquel Verbo fue hecho carne, y habitó entre nosotros (y vimos su gloria, gloria como del unigénito del Padre), lleno de gracia y de verdad" (Jn. 1:1-3, 14). "Porque en él habita corporalmente toda la plenitud de la Deidad" (Col. 2:9).

Él es el Señor de todos. "Él es Señor de señores y Rey de reyes" (Ap. 17:14). "Dios también le exaltó hasta lo sumo, y le dio un nombre que es sobre todo nombre, para que en el nombre de Jesús se doble toda rodilla de los que están en los cielos, y en la tierra, y debajo de la tierra; y toda lengua confiese que Jesucristo es el Señor, para gloria de Dios Padre" (Fil. 2:9-11). "Éste es Señor de todos" (Hch. 10:36).

Él se hizo hombre. "Siendo en forma de Dios, no estimó el ser igual a Dios como cosa a que aferrarse, sino que se despojó a sí mismo, tomando forma de siervo, hecho semejante a los hombres" (Fil. 2:6-7).

Él es absolutamente puro y exento de pecado. "Fue tentado en todo según nuestra semejanza, pero sin pecado" (He. 4:15). "El cual no hizo pecado, ni se halló engaño en su boca; quien cuando le maldecían, no respondía con maldición, sino encomendaba la causa al que juzga justamente" (1 P. 2:22-23). "Él apareció para quitar nuestros pecados, y no hay pecado en él" (1 Jn. 3:5).

Aquel que es sin pecado fue dado como sacrificio por nuestro pecado. "Al que no conoció pecado, por nosotros lo hizo pecado, para que nosotros fuésemos hechos justicia de Dios en él" (2 Co. 5:21). Él "se dio a sí mismo por nosotros para redimirnos de toda iniquidad y purificar para sí un pueblo propio, celoso de buenas obras" (Tit. 2:14).

Él derramó su sangre en expiación por el pecado. En Él "tenemos redención por su sangre, el perdón de pecados según las riquezas de su gracia"

(Ef. 1:7). Él "nos amó, y nos lavó de nuestros pecados con su sangre" (Ap. 1:5).

Él murió en la cruz para dar un camino de salvación para los pecadores. Cristo "llevó él mismo nuestros pecados en su cuerpo sobre el madero, para que nosotros, estando muertos a los pecados, vivamos a la justicia; y por cuya herida fuisteis sanados" (1 P. 2:24). "Agradó al Padre …por medio de él reconciliar consigo todas las cosas, así las que están en la tierra como las que están en los cielos, haciendo la paz mediante la sangre de su cruz" (Col. 1:19-20).

Resucitó triunfante de los muertos. Cristo "fue declarado Hijo de Dios con poder, según el Espíritu de santidad, por la resurrección de entre los muertos" (Ro. 1:4). "[Él] fue entregado por nuestras transgresiones, y resucitado para nuestra justificación" (4:25). "Os he enseñado lo que asimismo recibí: Que Cristo murió por nuestros pecados, conforme a las Escrituras; y que fue sepultado, y que resucitó al tercer día, conforme a las Escrituras" (1 Co. 15:3-4).

Su justicia es imputada a los que confían en Él. "Estáis vosotros en Cristo Jesús, el cuál nos ha sido hecho por Dios …justificación" (1 Co. 1:30). "…para que nosotros fuésemos hechos justicia de Dios en él" (2 Co. 5:21). "Al que no obra, sino cree en aquel que justifica al impío, su fe le es contada por justicia… a quien Dios atribuye justicia sin obras" (Ro. 4:5-6). "Y ciertamente, aun estimo todas las cosas como pérdida por la excelencia del conocimiento de Cristo Jesús, mi Señor, por amor del cual lo he perdido todo, y lo tengo por basura, para ganar a Cristo, y ser hallado en él, no teniendo mi propia justicia, que es por la ley, sino la que es por la fe de Cristo, la justicia que es de Dios por la fe" (Fil. 3:8-9).

Así, Él justifica gratuitamente a todos los que confían en Él. "[Somos] justificados gratuitamente por su gracia, mediante la redención que es en Cristo Jesús" (Ro. 3:24). "Justificados, pues, por la fe, tenemos paz para con Dios por medio de nuestro Señor Jesucristo; por quien también tenemos entrada por la fe a esta gracia en la cual estamos firmes, y nos gloriamos en la esperanza de la gloria de Dios" (5:1-2). "Ya justificados en su sangre, por él seremos salvos de la ira" (v. 9). "El hombre no es justificado por las obras de la ley, sino por la fe de Jesucristo" (Gá. 2:16). "De cierto, de cierto os digo: El que oye mi palabra, y cree al que me envió, tiene vida eterna; y no vendrá a condenación, mas ha pasado de muerte a vida" (Jn. 5:24).

Cuéntales lo que Dios pide a los pecadores

Dios llama a los pecadores al arrepentimiento (Hch. 17:30). Un arrepentimiento genuino no es la reforma de uno mismo ni el volver una página nueva. Es un giro del corazón de todo lo malo hacia Dios.

Es útil insistir en que el arrepentimiento es un giro del corazón, y no debería identificarse con ninguna acción externa de parte del niño. En mucho del pensamiento evangélico moderno, el acto de orar para recibir a Jesús en el corazón llega a ser prácticamente un medio sacramental de salvación. Lo mismo sucede con levantar la mano en una reunión, o acudir al frente. Pero estas acciones externas no tienen una eficacia salvadora externa. Se trata de obras, y las obras no pueden salvar. *La fe*, un arrepentimiento que confía solo en Cristo para salvación, es el único verdadero instrumento de nuestra justificación, según la Biblia: "Porque por gracia sois salvos por medio de la fe; y esto no de vosotros, pues es don de Dios; no por obras, para que nadie se gloríe" (Ef. 2:8-9).

Si empleas metáforas para aclarar aspectos del evangelio a los niños, asegúrate de que distingues claramente entre metáfora y realidad. Cuando usamos una vívida imaginación, como la descripción de corazones pecaminosos como negros o sucios por el pecado, o cuando alentamos a nuestros niños a pensar en Jesús llamando a la puerta de sus corazones, ellos tienden a formarse una imagen muy literal en sus mentes. Esas imágenes verbales, si no se explican de manera cuidadosa, pueden en realidad llegar a ser un impedimento, en lugar de una ayuda, para la comprensión del evangelio.[2] Si el niño se queda con el pensamiento en términos literales de que Jesús está en pie a la puerta del corazón, esperando una invitación a entrar para quedarse, hemos dejado de poner en claro el evangelio.

Es mejor evitar todos estos énfasis en acciones externas, y centrarnos en su lugar en la respuesta que la Biblia pide de los pecadores.

Arrepiéntanse. "No quiero la muerte del que muere, dice Jehová el Señor; convertíos, pues, y viviréis" (Ez. 18:32). "Así que, arrepentíos y convertíos, para que sean borrados vuestros pecados" (Hch. 3:19). "Dios …manda a todos los hombres en todo lugar, que se arrepientan" (Hch.

17:30). "Que se arrepintiesen y se convirtiesen a Dios, haciendo obras dignas de arrepentimiento" (26:20). Este versículo se refiere no a obras *meritorias,* sino que indica que el fruto inevitable del verdadero arrepentimiento es una vida transformada (cp. Mt. 3:7-8).

Aparten el corazón de todo lo que deshonra a Dios. "[Convertíos] de los ídolos a Dios, para servir al Dios vivo y verdadero" (1 Ts. 1:9). "Convertíos, y volveos de vuestros ídolos, y apartad vuestro rostro de todas vuestras abominaciones" (Ez. 14:6). "Deje el impío su camino, y el hombre inicuo sus pensamientos, y vuélvase a Jehová" (Is. 55:7).

Sigan a Jesucristo. "Si alguno quiere venir en pos de mí, niéguese a sí mismo, tome su cruz cada día, y sígame" (Lc. 9:23). "Ninguno que poniendo su mano en el arado mira hacia atrás, es apto para el reino de Dios" (v. 62). "Si alguno me sirve, sígame; y donde yo estuviere, allí también estará mi servidor. Si alguno me sirviere, mi Padre le honrará" (Jn. 12:26). "Vosotros sois mis amigos, si hacéis lo que yo os mando" (Jn. 15:14).

Confíen en Él como Señor y Salvador. "Cree en el Señor Jesucristo, y serás salvo" (Hch. 16:31). "Si confesares con tu boca que Jesús es el Señor, y creyeres en tu corazón que Dios le levantó de los muertos, serás salvo" (Ro. 10:9).

Adviérteles que cuenten el costo cuidadosamente

No minimices las profundas exigencias de Cristo. No presentes la vida cristiana como una vida fácil, exenta de dificultades y de dilemas. Insiste en recordar a tus hijos que el verdadero precio de seguir a Cristo involucra siempre sacrificio, y que el preludio de la gloria es el sufrimiento. Es cierto que ofrece gratuitamente el agua de vida a todos los que la quieran tomar (Ap. 22:17). Pero aquellos que le aceptan hacen con ello una consagración incondicional a seguirle que literalmente puede costarles la vida.

Ésta es la razón por la que las verdades centrales del evangelio se centran en la cruz: Ella manifiesta cuán odioso es nuestro pecado. Expone la intensidad de la ira de Dios contra el pecado. Revela el gran amor de Dios al pagar un precio tan elevado por la redención. Pero sirve también como una adecuada metáfora del costo de seguir a Cristo. Jesús mismo se refirió una y otra vez a la cruz en estos términos.

A. W. Tozer escribió lo siguiente:

La cruz… siempre consigue sus fines. Gana derrotando a su oponente e imponiendo su voluntad sobre él. Siempre domina. Nunca contemporiza, nunca titubea ni consulta, nunca cede en punto alguno por causa de la paz. No tiene interés en la paz; tiene interés solo en poner fin a su oposición tan pronto como sea posible.

Con un conocimiento perfecto de todo esto, Cristo dijo: "Si alguno quiere venir en pos de mí, niéguese a sí mismo, y tome su cruz, y sígame". De modo que la cruz no solo lleva la vida de Cristo a su fin, sino que acaba también con la primera vida, la vida vieja, de cada uno de sus verdaderos seguidores. Destruye la vieja pauta, la pauta adámica, en la vida del creyente, y la lleva a su fin. Entonces el Dios que levantó a Cristo de los muertos levanta al creyente, y empieza una nueva vida.

Esto, y nada menos que esto, es el verdadero cristianismo. Debemos hacer algo acerca de la cruz, y solo podemos hacer una de dos cosas: rehuirla, o morir en ella.[3]

Jesús afirmó en repetidas ocasiones que el costo de seguirle involucra la disposición a sacrificarlo todo.

Tomen su cruz. "Ven, sígueme, tomando tu cruz" (Mr. 10:21). "Si alguno quiere venir en pos de mí, niéguese a sí mismo, y tome su cruz, y sígame. Porque todo el que quiera salvar su vida, la perderá; y todo el que pierda su vida por causa de mí y del evangelio, la salvará. Porque ¿qué aprovechará al hombre si ganare todo el mundo, y perdiere su alma? ¿O qué recompensa dará el hombre por su alma?" (Mr. 8:34-37).

Dispónganse a seguir a Cristo hasta la muerte. "De cierto, de cierto os digo, que si el grano de trigo no cae en la tierra y muere, queda solo; pero si muere, lleva mucho fruto. El que ama su vida, la perderá; y el que aborrece su vida en este mundo, para vida eterna la guardará" (Jn. 12:24-25).

Si alguno viene a mí, y no aborrece a su padre, y madre, y mujer, e hijos, y hermanos, y hermanas, y aun también su propia vida, no puede ser mi discípulo. Y el que no lleva su cruz y viene en pos de mí, no puede ser mi discípulo. Porque ¿quién de vosotros, queriendo edificar una torre, no se sienta primero y calcula los gastos, a ver si tiene lo que necesita para acabarla? No sea que después que haya puesto el cimiento, y no pueda acabarla, todos los que lo vean comiencen a hacer burla de él, diciendo: Este hombre comenzó a edificar, y no pudo acabar. ¿O qué rey, al marchar a la guerra contra otro rey, no se sienta primero y considera si puede hacer frente con diez mil al que viene contra él con veinte mil? Y si no puede, cuando el otro está todavía lejos, le envía una embajada y le pide condiciones de paz. Así, pues, cualquiera de vosotros que no renuncia a todo lo que posee, no puede ser mi discípulo (Lc. 14:26-33).

No penséis que he venido para traer paz a la tierra; no he venido para traer paz, sino espada. Porque he venido para poner en disensión al hombre contra su padre, a la hija contra su madre, y a la nuera contra su suegra; y los enemigos del hombre serán los de su casa. El que ama a padre o madre más que a mí, no es digno de mí; el que ama a hijo o hija más que a mí, no es digno de mí; y el que no toma su cruz y sigue en pos de mí, no es digno de mí (Mt. 10:34-38).

Aprémiales a que confíen en Cristo

Hemos comenzando observando que la regeneración es la obra del Espíritu Santo en el corazón, y hemos advertido a los padres a que no empleen medios artificiales ni presiones exteriores para inducir al niño a una profesión de fe superficial. Sin embargo, sí que hay un apremio inherente en el mensaje mismo del evangelio, y es correcto que los padres hagan conscientes de esta urgencia al niño.

"Conociendo, pues, el temor del Señor, persuadimos a los hombres"(2 Co. 5:11). "Dios… nos reconcilió consigo mismo por Cristo, y nos dio el ministerio de la reconciliación; que Dios estaba en Cristo reconciliando consigo al mundo, no tomándoles en cuenta a los hombres sus pecados, y nos encargó a nosotros la palabra de la reconciliación. Así que, somos embajadores en nombre de Cristo, como si Dios rogase por medio de nosotros; os rogamos en nombre de Cristo: Reconciliaos con Dios" (vv. 18-20).

"Buscad a Jehová mientras puede ser hallado, llamadle en tanto que está cercano. Deje el impío su camino, y el hombre inicuo sus pensamientos, y vuélvase a Jehová, el cual tendrá de él misericordia, y al Dios nuestro, el cual será amplio en perdonar" (Is. 55:6-7).

ENSEÑA A TUS HIJOS *con diligencia*

Algunos padres examinarán un bosquejo como el que hemos dado y se sentirán enormemente incapacitados para enseñar tanto, así como para hacer frente a las inevitables preguntas que hacen los niños. Añadamos a ello el requisito adicional (acerca del que trataremos en capítulos futuros) de que el carácter y la conducta del padre han de ser consecuentes con lo que enseñamos, y no cabe duda alguna de que cumplir Deuteronomio 6:6-7 es una tarea formidable. ¡Ay del padre que se enfrenta a esta tarea a medias o que la lleva a cabo con displicencia!

Volvamos a considerar Deuteronomio 6:6-7: "Y [estas palabras] las repetirás a tus hijos, y hablarás de ellas estando en tu casa, y andando por el camino, y al acostarte, y cuando te levantes". Todo este pasaje inculca *diligencia*. Y esta diligencia es absolutamente esencial en lo que Dios demanda de los padres.

Esto significa que si crees que tu propia comprensión de las verdades espirituales es insuficiente para enseñar esas cosas a tus hijos, más valdrá que comiences a aprender inmediatamente. Dios te considera responsable como *cristiano,* y no meramente como *padre,* de que tengas el suficiente conocimiento de la verdad fundamental del evangelio como para que puedas enseñar a otros (He. 5:12). Uno de tus deberes básicos como cristiano es enseñar y exhortar a los hermanos en la fe (Col. 3:16). Otro deber esencial es enseñar a los incrédulos la verdad del evangelio (Mt. 28:19-20). Si tu comprensión de la verdad espiritual es tan pequeña que temes ser incapaz de enseñar incluso a tus propios hijos, esto puede significar que no hayas sido cuidadoso en cumplir algunas de tus responsabilidades más básicas como cristiano; a no ser que tú mismo seas un creyente nuevo. Pero tanto si eres un recién nacido en Cristo, como si has estado mostrando indiferencia, es ahora tu deber comenzar a estudiar para mostrarte aprobado ante Dios, para ser obediente como padre y como cristiano. Esto demanda mucha diligencia.

Una vez más, destacamos que la crianza de los hijos no es tan compleja como muchos se imaginan. Pero tampoco es *fácil*. Las demandas sobre los padres son constantes. No hay tiempo para recostarse y relajarse. La tarea de *enseñanza* de que se precisa es una ocupación que nunca termina. Hay mucho que enseñar, y las oportunidades no tienen fin. Asegúrate de que aprovechas estas oportunidades al máximo.

CUATRO

❧

Enseñando sabiduría a los hijos

El hijo sabio alegra al padre, pero el hijo
necio es tristeza de su madre.
—PROVERBIOS 10:1

La enseñanza del evangelio a los hijos en modo alguno agota la responsabilidad de enseñanza de los padres. También ligado en el principio de Deuteronomio 6:6-7 está el deber de enseñar a nuestros hijos sabiduría para la vida. El evangelio es el necesario punto de partida, porque "el *principio* de la sabiduría es el temor de Jehová" (Sal. 111:10). Nadie que rechace o pase por alto el mensaje del evangelio es verdaderamente sabio.

Pero más allá de las verdades básicas del evangelio, hay también muchas lecciones bíblicas fundamentales acerca del carácter, de la integridad, justicia, prudencia, discernimiento, y todas las cuestiones prácticas de la vida. A los padres se les encarga el deber de instruir con cuidado a sus hijos en la sabiduría de la piedad en todas esas cuestiones.

El libro de Proverbios en el Antiguo Testamento es un sumario inspirado de esta sabiduría práctica. Los dichos registrados allí fueron reunidos por Salomón para su hijo. La mayor parte de ellos fueron efectivamente escritos por Salomón, pero algunos otros fueron recopilados por él. Así, lo mejor de la sabiduría de varios sabios antiguos ha quedado recopilado en el libro de Salomón de Proverbios con el sello de la inspiración, lo que garantiza que estos dichos son útiles "para enseñar, para redargüir, para corregir, para instruir en justicia" (2 Ti. 3:16).

Proverbios es por tanto un adecuado libro de texto para los padres, en particular para el padre, para enseñar a sus hijos la clase de sabiduría práctica necesaria para prosperar en esta vida. Es un libro inspirado de sabiduría del padre más sabio que jamás vivió, un compendio vital de la clase de sabiduría práctica que *todos* los padres necesitan transmitir a sus hijos.

Salomón incluye una amonestación a su propio hijo en los versículos introductorios. "Oye, hijo mío, la instrucción de tu padre, y no desprecies la dirección de tu madre; porque adorno de gracia serán a tu cabeza, y collares a tu cuello" (Pr. 1:8-9). En otros lugares de Proverbios se repiten amonestaciones semejantes: "Hijo mío, si recibieres mis palabras, y mis mandamientos guardares dentro de ti …" (2:1); "Hijo mío, no te olvides de mi ley, y tu corazón guarde mis mandamientos" (3:1); "Oíd, hijos, la enseñanza de un padre, y estad atentos" (4:1); "Oye, hijo mío, y recibe mis razones, y se te multiplicarán años de vida" (4:10); "Hijo mío, está atento a mi sabiduría, y a mi inteligencia; inclina tu oído" (5:1); "Guarda, hijo mío, el mandamiento de tu padre, y no dejes la enseñanza de tu madre" (6:20); "Hijo mío, guarda mis razones, y atesora contigo mis mandamientos" (7:1); y así en muchos otros versículos por todo el libro. Estas eran las tiernas amonestaciones de Salomón a su propio hijo, apremiándole a que prestase cuidadosa atención a estas lecciones acerca de la vida.

Estas amonestaciones se aplican también a nuestros hijos, y si esperamos enseñar bien, también nosotros debemos llegar a ser expertos en la sabiduría de la Biblia y a vivir de manera consecuente de modo que estos principios de sabiduría se reflejen en nuestro propio carácter.

Salomón mismo es una lección objetiva acerca de los peligros de una vida inconsecuente. Salomón fue, en términos intelectuales, el hombre más sabio que jamás vivió. En 1 Reyes 4:29-31 se dice de él: "Dios dio a Salomón sabiduría y prudencia muy grandes, y anchura de corazón como la arena que está a la orilla del mar. Era mayor la sabiduría de Salomón que la de todos los orientales, y que toda la sabiduría de los egipcios. Aun fue más sabio que todos los hombres…" El mismo Dios dijo a Salomón: "Te he dado corazón sabio y entendido, tanto que no ha habido antes de ti otro como tú, ni después de ti se levantará otro como tú" (3:12).

De modo que no había deficiencia alguna en el *contenido* de la instrucción de Salomón a su hijo. Sin embargo, por lo que se refiere al *ejemplo*, Salomón fracasó, y fracasó de forma miserable. Por ejemplo, Salomón incluyó diversas advertencias acerca de los peligros de ser seducido por mujeres insensatas (Pr. 2:16-19; 5:3-13, 20; 6:23-29; 7:5-27; 22:14; 31:30). Sin embargo, la Biblia dice esto acerca de la vida de Salomón: "Pero el rey Salomón amó, además de la hija de Faraón, a muchas mujeres extranjeras; a las de Moab, a las de Amón, a las de Edom, a las de Sidón, y a las heteas; gentes de las cuales Jehová había dicho a los hijos de Israel: No os llegaréis a ellas, ni ellas se llegarán a vosotros; porque ciertamente harán inclinar vuestros corazones tras sus dioses. A estas, pues, se juntó Salomón con amor" (1 R. 11:1-2).

Y en parte debido a que Salomón fracasó al no vivir según la sabiduría que Dios le había dado, Roboam, su hijo, rechazó la enseñanza de su padre (12:6-11).

De nada sirve enseñar una sana sabiduría a nuestros hijos y luego vivir una vida que contradiga lo que estamos enseñando. De hecho, puede que no haya mejor manera de incitar a tus hijos a menospreciar y descartar la sabiduría del Señor. El precio de la hipocresía paterna es insoportablemente alto.

En el caso de Salomón, esta especie de hipocresía no solo condujo a la pérdida de su hijo, sino que también desgarró a la nación entera de Israel y llevó a una apostasía de la que Israel nunca se recuperó. La Biblia nos dice esto:

> Se enojó Jehová contra Salomón, por cuanto su corazón se había apartado de Jehová Dios de Israel, que se le había aparecido dos veces, y le había mandado acerca de esto, que no siguiese a dioses ajenos; mas él no guardó lo que le mandó Jehová. Y dijo Jehová a Salomón: Por cuanto ha habido esto en ti, y no has guardado mi pacto y mis estatutos que yo te mandé, romperé de ti el reino, y lo entregaré a tu siervo. Sin embargo, no lo haré en tus días, por amor a David tu padre; lo romperé de la mano de tu hijo. Pero no romperé todo el reino, sino que daré una tribu a tu hijo, por amor a David mi siervo, y por amor a Jerusalén, la cual yo he elegido (1 R. 11:9-14).

Las *instrucciones* de Salomón a su hijo eran sanas. Pero el *ejemplo* que dio anuló su sabio consejo. Su propia vida fue inconsecuente con su enseñanza. No hay mayor error que un padre pueda cometer.

UNA INTRODUCCIÓN A LA SABIDURÍA DE SALOMÓN

Un proverbio es un principio sabio expresado en términos concisos, y a menudo en forma poética. Esta forma tiene un propósito; se trata de un instrumento mnemotécnico, que hace que la sabiduría del proverbio sea fácil de recordar.

Como hemos observado en el capítulo uno, los dichos de Proverbios deberían ser considerados como *axiomas,* no como *promesas* inviolables. Por ejemplo, muchos versículos en Proverbios sugieren que la calamidad pertenece a los malvados, y la prosperidad a los justos. Proverbios 11:8 dice: "El justo es librado de la tribulación; mas el impío por su impiedad caerá". Esto es generalmente cierto como principio, pero desde luego no es una regla sin excepciones. Sabemos que los malvados *sí* prosperan en ocasiones (Sal. 73:3; Jer. 12:1). Y los justos *sí* caen a veces en tribulación (2 Ts. 1:4-7). "Justo hay que perece por su justicia, y hay impío que por su maldad alarga sus días" (Ec. 7:15). De modo que el axioma de Proverbios 11:8 no tiene el objeto de ser una promesa que pueda ser reivindicada en cada situación específica.

Sí que es generalmente verdad, sin embargo, que la prosperidad pertenece al justo, y que la tribulación sobreviene a los malvados. Cualquier prosperidad de que gocen los malvados y cualquier sufrimiento que los justos deban soportar son solo temporales. De modo que la sabiduría que el proverbio comunica es ciertamente sana. La conducta de maldad es absoluta necedad, y la justicia es superior a la maldad, incluso desde una perspectiva *práctica.* Esta es la lección que Salmón quería enseñar a su hijo.

Observemos cómo la profundidad de la sabiduría de Salomón contrasta intensamente con la mayor parte de los consejos sobre la crianza de los hijos que se publican en la actualidad. Muchos de los materiales modernos, incluyendo algunos etiquetados como "cristianos", son asombrosamente triviales en comparación con la sabiduría que Salomón trató de transmitir a su hijo. En la actualidad, el consejo típico para los padres dice: "Sé un compañero de tu hijo. Ve a sitios con él. Enséñale deportes. Llévalo a un partido de pelota. Diviértete hablando de cosas interesantes con él".

O: "Elogia a tu hija. Comenta acerca de cómo se viste y encuentra algo que alabar. Muéstrale afecto. Llévala a cenar alguna noche fuera de casa. Sé sensible a sus altibajos emocionales. Préstale atención". Y así sigue. Algunas de estas cosas pueden ser útiles a un cierto nivel, pero puedes concentrar tus energías en *todas* estas cosas y con todo descuidar el enseñar sabiduría a tus hijos. Si esto sucede, no tendrás éxito como padre.

Además, si dedicas tus energías a las cosas triviales, criarás hijos que pondrán su interés en cosas triviales. Dedica tus energías a enseñarles cosas profundas, y criarás hijos con un carácter profundo y que amarán la sabiduría. La verdadera sabiduría para la vida es el don más valioso que los padres pueden transmitir a sus hijos; desde luego muy superior a todo legado material. ¿Y qué mejor lugar al que volver en busca de sabiduría que un libro inspirado escrito precisamente con este propósito?

La sabiduría es el tema acerca del que discurre el libro de Proverbios. La palabra *sabiduría* domina el libro. A veces se usan sinónimos (o casi sinónimos) como *instrucción, entendimiento* o *discreción*. Todas esas palabras son sencillamente elementos de la verdadera sabiduría. Conocer, comprender, recibir instrucción, y tener discreción es actuar con sabiduría. Observa con atención que la verdadera sabiduría incluye no simplemente un contenido intelectual, sino también una conducta práctica. La sabiduría abarca no solo lo que *conocemos* sino también lo que *hacemos* y en ocasiones lo que *no hacemos*. "El sabio teme y se aparta del mal" (14:16). "El que refrena sus labios es prudente" (10:19). "El que gana almas es sabio" (11:30). "El que obedece al consejo es sabio" (12:15). Salomón expuso repetidas veces la relación entre la sabiduría y la conducta recta. Es desafortunado que no se mantuviese fiel a este principio en su propia vida posterior.

Cuando todo está dicho y hecho, lo que se ha *hecho* es tan vital para la verdadera sabiduría como lo que se *dice*. En resumen, la genuina sabiduría bíblica involucra una vida recta. Y como padres, es nuestro deber no solo enseñar a nuestros hijos e hijas los conceptos de una vida santa, sino también ejemplificar la sabiduría ante ellos, de modo que comprendan que esta sabiduría es la más noble y pura de todas las empresas.

LA PERSONIFICACIÓN DE LA SABIDURÍA

En Proverbios 1:20-21 se personifica a la sabiduría: "La sabiduría clama en las calles, alza su voz en las plazas. Clama en los principales lugares de reunión; en las entradas de las puertas de la ciudad dice sus razones". ¿Y acerca de qué alza la voz? Está llamando a los simples a que dejen de ser ingenuos. Está llamando a los escarnecedores y a los necios para que se vuelvan hacia la sabiduría (v. 22).

Todo el libro de Proverbios se hace eco de este llamamiento a la sabiduría. En el capítulo 2, versículos 1-6, la voz del padre alienta al hijo a buscar la sabiduría.

> Hijo mío, si recibieres mis palabras,
> Y mis mandamientos guardares dentro de ti,
> Haciendo estar atento tu oído a la sabiduría;
> Si inclinares tu corazón a la prudencia,
> Si clamares a la inteligencia,
> Y a la prudencia dieres tu voz;
> Si como a la plata la buscares,
> Y la escudriñares como a tesoros,
> Entonces entenderás el temor de Jehová,
> Y hallarás el conocimiento de Dios.
> Porque Jehová da la sabiduría,
> Y de su boca viene el conocimiento y la inteligencia.

La principal exhortación del padre a su hijo es esta: "Sigue la sabiduría".

Todo el capítulo ocho tiene que ver también con seguir la sabiduría. El versículo once dice: "Porque mejor es la sabiduría que las piedras preciosas; y todo cuanto se puede desear, no es de compararse con ella". Luego la sabiduría personificada habla de nuevo:

> Yo, la sabiduría, habito con la cordura,
> Y hallo la ciencia de los consejos.
> El temor de Jehová es aborrecer el mal;
> La soberbia y la arrogancia, el mal camino,
> Y la boca perversa, aborrezco.
> Conmigo está el consejo y el buen juicio;
> Yo soy la inteligencia; mío es el poder.

Por mí reinan los reyes,
Y los príncipes determinan justicia.
Por mí dominan los príncipes,
Y todos los gobernadores juzgan la tierra.
Yo amo a los que me aman,
Y me hallan los que temprano me buscan.
Las riquezas y la honra están conmigo;
Riquezas duraderas y justicia.
Mejor es mi fruto que el oro, y que el oro refinado;
Y mi rédito mejor que la plata escogida.
Por vereda de justicia guiaré,
Por medio de sendas de juicio,
Para hacer que los que me aman tengan su heredad,
Y que yo llene sus tesoros. (Pr. 8:12-21)

Los versículos que siguen son muy claros e identifican a Cristo como la verdadera personificación de toda sabiduría:

Jehová me poseía en el principio,
Ya de antiguo, antes de sus obras.
Eternamente tuve el principado,
Desde el principio, antes de la tierra.
Antes de los abismos fui engendrada;
Antes que fuesen las fuentes de las muchas aguas.
Antes que los montes fuesen formados,
Antes de los collados, ya había sido yo engendrada;
No había aún hecho la tierra, ni los campos,
Ni el principio del polvo del mundo.
Cuando formaba los cielos, allí estaba yo;
Cuando trazaba el círculo sobre la faz del abismo;
Cuando afirmaba los cielos arriba,
Cuando afirmaba las fuentes del abismo;
Cuando ponía al mar su estatuto,
Para que las aguas no traspasasen su mandamiento;
Cuando establecía los fundamentos de la tierra,

Con él estaba yo ordenándolo todo,
Y era su delicia de día en día,
Teniendo solaz delante de él en todo tiempo. (Pr. 8:22-30)

Así, Cristo encarna y personifica toda auténtica sabiduría. Él *es* la suma de toda la sabiduría. "En [Él] están escondidos todos los tesoros de la sabiduría y del conocimiento" (Col. 2:3). Y así, vemos de nuevo que la tarea pedagógica de los padres se reduce a enseñar a nuestros hijos acerca de Cristo. Tanto si les estamos enseñando el evangelio como si les enseñamos la sabiduría para la vida en general, el centro apropiado de toda nuestra instrucción es Cristo.

LECCIONES VITALES PARA LA VIDA

Evidentemente, no es posible, en un libro de este alcance, hacer un estudio exhaustivo de toda la sabiduría en Proverbios. Pero he seleccionado diez principios de este libro que son la clase de lecciones que los padres deberían enseñar a sus hijos. Estos principios constituyen un inicio significativo, y los padres pueden entresacar de ellos una metodología para estudiar y aplicar Proverbios que rendirá muchas más lecciones de sabiduría para tus hijos.

Si tus hijos aprenden estas lecciones, podrán ser una mayor bendición para ti, y ellos recibirán la bendición de parte de Dios. Observemos también, al ir repasando estos principios, la estrecha relación que existe siempre entre la sabiduría espiritual y la sabiduría práctica.

Enseña a tus hijos a temer a su Dios

Dice Proverbios 1:7: "El principio de la sabiduría es el temor de Jehová". Proverbios 9:10 insiste en lo mismo: "El temor de Jehová es el principio de la sabiduría, y el conocimiento del Santísimo es la inteligencia". Una vez más vemos que toda verdadera sabiduría comienza con el temor de Dios. El temor de Dios es el singular y verdadero fundamento de la sabiduría que debemos enseñar a nuestros niños.

Ahora este es ya un argumento con el que estamos familiarizados. Lo hemos visitado en repetidas ocasiones a lo largo de los primeros capítulos de este libro. En cierto sentido, es el tema global de los capítulos dos y tres.

Puede que comience a sonar redundante, pero la Biblia misma insiste y vuelve a insistir sobre este punto. Los padres que lo *pasan* por alto no tienen excusa. La crianza eficaz de los hijos comienza literalmente inculcando en ellos un apropiado temor de Dios.

He mencionado ya brevemente en el capítulo tres que no se trata de un miedo cobarde y abyecto. No es la clase de temor que considera a Dios como malévolo. En el temor verdaderamente piadoso no hay traza alguna de aborrecimiento ni de enemistad.

Este temor tiene dos aspectos. El primero es la *reverencia*. Es una sagrada maravilla ante la absoluta santidad de Dios. Implica la clase de respeto y de veneración que resulta en temor ante la presencia de una majestad tan absoluta.

El segundo aspecto es *temor del desagrado de Dios*. La fe genuina reconoce el derecho que Dios tiene a disciplinar, su derecho a castigar, y su derecho a juzgar. Por tanto, en presencia de Dios, la verdadera sabiduría tiembla con un santo y sano sentimiento de terror y aprensión. *Temor* es la verdadera palabra para denotarlo. Cuanto más profundo sea el sentimiento de nuestra propia culpa, tanto más profundo debería ser nuestro temor de desagradar a Dios.

Cuando enseñes a tus hijos acerca de Dios, asegúrate de comunicarles una plena apreciación de *todos* sus atributos. Los niños deben saber, incluso desde la edad más tierna, que Dios está airado con los malvados, y que Él *ciertamente* castigará a los malhechores (Sal. 7:11-13). El material preparado para niños pequeños muestra demasiadas veces solo los atributos amables, gentiles y bondadosos de Dios. Se le presenta como si fuera un ser a imagen de un bondadoso abuelo: un dios insípido de factura humana, más parecido a Papa Noel que al Dios de las Escrituras. Este es un grave error, y creo que explica la actitud descuidada que muchos en nuestra sociedad tienen acerca de Dios. Suponen erróneamente que sea cual sea la naturaleza de Dios, en último término será inofensivo y bondadoso, incluso hacia los que le han desobedecido. Esta es la impresión que muchos niños se llevan de la lección típica de la Escuela Dominical. Pero este no es el Dios de la Biblia. Cuídate de enseñar a tus hijos una perspectiva tan errada acerca de Dios.

Hay un sentido real en el que debes enseñar a tus hijos a temer a Dios, y especialmente a temer su desagrado. No has satisfecho tu responsabilidad como padre cuando has conseguido que tu hijo te obedezca. Si eres consecuente y firme en tu disciplina, tu hijo te obedecerá posiblemente porque tiene miedo de violar tus normas. Esto es algo relativamente fácil de conseguir. Pero no es la meta apropiada de la crianza de los hijos desde una perspectiva bíblica. Tu hijo debería temer violar la norma *de Dios*, no meramente la tuya. Tú eres solo un intermediario con la responsabilidad de enseñar a tus hijos a temer a *Dios*. Si tus hijos crecen temiendo solo *tu* desagrado pero no el de Dios, ¿qué harán cuando tú no estés presente?

Tus hijos necesitan crecer con la conciencia de que cuando hacen algo malo, no solo están irritando a mamá; no solo están enfrentándose con papá; no solo causan desorden en la familia. Cuando desobedecen, lo que hacen es enfrentarse con un Dios santo que aplica las consecuencias a aquellos que violan sus justos principios.

Mi objetivo como padre no era meramente que mis hijos temiesen ser disciplinados por su padre. Quería que temiesen ser disciplinados por su Dios. Claro, también quería que temiesen *mi* disciplina, pero esto era incidental. Yo sabía que no siempre podría estar cerca para disciplinarlos, pero Dios sí lo está. Y las consecuencias de violar su ley son infinitamente mayores que cualquier desobediencia al nivel humano. Desdichadamente, pocos son los niños que crecen en la actualidad con esta conciencia. A los niños ya no se les enseña a temer a Dios, y esto se hace evidente, a todos los niveles de la sociedad.

Desde su más tierna edad, enseña a tus hijos que el pecado es una ofensa capital contra un Dios santo. Enséñales que Dios no puede ser burlado, y que segarán las amargas consecuencias de todo pecado que siembren. Inculca en ellos un sano temor a Dios. Sin esta clase de temor, el arrepentimiento genuino no es siquiera posible.

Además, cuando tus hijos teman a Dios, temerán también al pecado. Este es desde luego un sano temor a cultivar. Les ahorrará mucho dolor en la vida al guardarlos del mal (16:6).

También puede ser que prolongue literalmente sus vidas. Proverbios 10:27 dice: "El temor de Jehová aumentará los días; mas los años de los impíos serán acortados". ¿Quieres dar a tu hijo o hija una vida rica y plena? Enséñales el temor de Jehová. "El temor de Jehová es manantial de vida para apartarse de los lazos de la muerte" (14:27). "El temor de Jehová es para vida, y con él vivirá lleno de reposo el hombre; no será visitado de mal"(19:23).

El temor del Señor es más provechoso que las riquezas. "Mejor es lo poco con el temor de Jehová, que el gran tesoro donde hay turbación" (15:16).

"En el temor de Jehová está la fuerte confianza; y esperanza tendrán sus hijos" (14:26).

Enseña a tus hijos a guardar sus mentes

Este es un principio que los padres deben recalcar más que nunca, especialmente en la era de el Internet: Enseña a tus hijos a guardar sus *mentes*. Proverbios 4:23 dice: "Sobre toda cosa guardada, guarda tu corazón; porque de él mana la vida". La Biblia se refiere al "corazón" como la sede tanto de las emociones como del intelecto. A menudo se emplea como sinónimo de mente. "Porque cuál es *su pensamiento* en su corazón, tal es él" (23:7, cursivas añadidas).

Nuestros hijos deben aprender a guardar sus mentes con diligencia. Nunca en la historia de la humanidad las fuerzas del mal han emprendido una campaña por apoderarse de las mentes humanas en la escala que vemos en la actualidad. Como padres, somos en parte responsables de guardar las mentes de nuestros hijos. El ataque en contra del pensamiento recto se lanza desde diversos frentes: la televisión, la radio, el cine, la música, el Internet, y en la actualidad incluso desde los currículos escolares. De modo que la tarea del padre es desde luego formidable.

Los padres pueden y deben proteger a sus hijos de la exposición a los aspectos más detestables del esparcimiento y de los medios de comunicación actuales. Controla lo que ven y oyen. No permitas que vayan sin control por el Internet. No les dejes el mando de la televisión y los dejes a solas. Es correcto permitirles un cierto margen de elección sobre lo que van a ver y a escuchar, pero no les dejes tomar estas decisiones sin ninguna supervisión. Tienes el derecho y la responsabilidad de ayudar a dirigirlos hacia lo que edifica y a apartarlos de lo que no lo hace. Yo siempre aliento a los padres a establecer elevadas normas en esta área, y a no permitir que los niños se expongan indiscriminadamente a cualquier clase de película, música, programas de televisión, u otras cosas que tengan el propósito de fomentar los malos pensamientos o alimentar los malos apetitos. Todas estas elecciones deben ser tomadas con supervisión paterna, y con la mayor cautela. El salmista escribió: "No pondré delante de mis ojos cosa injusta" (Sal. 101:3).

Pero tal como se ha tratado en el capítulo dos, el aislamiento total no es la respuesta. De todos modos, ninguna cantidad de aislamiento podrá guardar los corazones de tus hijos libres de contaminación, porque como criaturas caídas llevan deseos pecaminosos y una imaginación pecaminosa en su interior, igual que sucede en tu propio caso. Y, francamente, no hay una manera adecuada de proteger completamente a tus hijos de todas las malignas influencias en una sociedad como la nuestra. En estos días, hasta los carteles en las vías públicas comunican mensajes dispuestos para agitar a las clases más bajas de apetitos carnales.

Debes darte cuenta, también, de que no puedes enseñar a tus hijos a guardar sus corazones y mentes solo intentando escudarlos de malas influencias exteriores. Debes también instruirlos para que sean sabios y capaces de discernir. Debes enseñarles cómo cultivar pensamientos sanos. Como escribió el apóstol Pablo a los filipenses: "Todo lo que es verdadero, todo lo honesto, todo lo justo, todo lo puro, todo lo amable, todo lo que es de buen nombre; si hay virtud alguna, si algo digno de alabanza, en esto pensad" (Fil. 4:8).

Nuestra conducta procede de nuestros pensamientos. A esto se refería Jesús al decir: "Lo que del hombre sale, eso contamina al hombre. Porque de dentro del corazón de los hombres, salen los malos pensamientos, los adulterios, las fornicaciones, los homicidios, los hurtos, las avaricias, las maldades, el engaño, la lascivia, la envidia, la maledicencia, la soberbia, la insensatez. Todas estas maldades de dentro salen, y contaminan al hombre" (Mr. 7:20-22).

Así, nuestro verdadero carácter se define por aquello que *pensamos*, no por cómo aparecemos ante los demás, no por lo que decimos, y, en último término, ni siquiera por cómo nos comportamos. La verdadera prueba del carácter es la vida del pensamiento. "Cual su pensamiento en su corazón, tal es él" (Pr. 23:7).

Así, los padres tienen la tarea de ayudar a programar las mentes de sus hijos con verdad, bondad, fidelidad, honradez, integridad, lealtad, amor y todas las demás virtudes que deberían dar forma a su pensamiento. Todo esto forma parte de la enseñanza a nuestros hijos para que guarden sus pensamientos.

Enseña a tus hijos a obedecer a sus padres

El primer llamamiento directo que hace Salomón a su hijo en el libro de Proverbios es este: "Oye, hijo mío, la instrucción de tu padre, y no desprecies la dirección de tu madre" (1:8). Este mismo tema discurre a través del libro. En el capítulo cuatro, él escribe así:

> Oíd, hijos, la enseñanza de un padre,
> Y estad atentos, para que conozcáis cordura.
> Porque os doy buena enseñanza;
> No desamparéis mi ley.
> Porque yo también fui hijo de mi padre,
> Delicado y único delante de mi madre.
> Y él me enseñaba, y me decía:
> Retenga tu corazón mis razones,
> Guarda mis mandamientos, y vivirás. (Pr. 4:1-4)

Luego retoma el mismo tema un par de capítulos después:

> Guarda, hijo mío, el mandamiento de tu padre,
> Y no dejes la enseñanza de tu madre;
> Átalos siempre a tu corazón,
> Enlázalos a tu cuello.
> Te guiarán cuando andes;
> Cuando duermas te guardarán;
> Hablarán contigo cuando despiertes.
> Porque el mandamiento es lámpara,
> Y la enseñanza es luz,
> Y camino de vida las reprensiones que te instruyen. (Pr. 6:20-23)

Y aquí tenemos una pintoresca advertencia al hijo extraviado: "El ojo que escarnece a su padre y menosprecia la enseñanza de la madre, los cuervos de la cañada lo saquen, y lo devoren los hijos del águila" (30:17).

Los padres *deben* enseñar obediencia a sus hijos. Esta es una de las más fundamentales y evidentes responsabilidades de la función paterna. Si queremos criar una generación de hijos fieles que vivan vidas de rectitud, deben comenzar obedeciendo a sus padres. Y es la solemne responsabilidad de los padres enseñarles así. Me deja constantemente asombrado ver cuántos padres parecen totalmente sin rumbo cuando se trata de esta responsabilidad. Este no es en absoluto un aspecto optativo de la función paterna. Como observa el apóstol en Efesios 6:2-3, el primero de los Diez Mandamientos que va acompañado de una promesa para los que lo obedecieran es el Quinto Mandamiento: "Honra a tu padre y a tu madre, para que tus días se alarguen en la tierra que Jehová tu Dios te da" (Éx. 20:12). Es responsabilidad de los padres instruir al niño en la obediencia desde el momento en que el hijo aprende el sonido de la voz de su padre.

Esto involucra disciplina y, cuando sea necesario, sanción y corrección. Los padres que no corrigen a sus hijos desobedientes están exhibiendo una vergonzosa falta de amor. "Quien detiene la vara odia a su hijo; mas el que le ama, le corrige con empeño" (13:24, V.M.). Proverbios 3:11-12 dice: "No menosprecies, hijo mío, el castigo de Jehová, ni te fatigues de su corrección; porque Jehová al que ama castiga, como el padre al hijo a quien quiere". Los padres que verdaderamente aman a sus hijos los reprenderán cuando desobedezcan.

En otras palabras, la corrección apropiada no se aplica solo como retribución; en realidad tiene en cuenta el mayor bien del niño. No debería ser considerada como un pago, sino como una ayuda al crecimiento, algo que edifica y fortalece al niño. La corrección ayuda a conformar sus mentes en la sabiduría. Quita la insensatez de sus corazones. Puede ayudar a librarlos de las calamitosas consecuencias del pecado, incluyendo el infierno.

Esos son temas frecuentes en el libro de Proverbios. "La necedad está ligada en el corazón del muchacho; mas la vara de la corrección la alejará de él" (22:15). "No rehúses corregir al muchacho; porque si lo castigas con vara, no morirá. Lo castigarás con vara, y librarás su alma del Seol" (23:13-14).

Observa con atención que estos versículos incluyen de manera expresa el castigo corporal, la vara, como parte esencial de la disciplina paterna. Cuando Salomón se refiere a la vara, emplea un término hebreo para una rama o palo. Las varas las empleaban los pastores como bastones de camino, como instrumentos defensivos, como patrones de medida, como útiles para guiar a las ovejas y como elementos de corrección para controlar corderos que se extraviaban. Ocasionalmente alguien observará todos estos posibles usos de la vara, y sugerirá que cuando Salomón hace referencia a la vara, estaba quizá solo hablando de dar una conducción positiva y un cuidado como el de un pastor a los hijos, en lugar de proponer el uso de la vara como instrumento de castigo corporal. Pero esta sugerencia ignora totalmente las llanas palabras de Salomón. En Proverbios 23:13-14, por ejemplo, habla de *castigar* con vara al niño. Es indudable que lo que tiene en mente es el castigo corporal, y es igualmente evidente que Salomón consideraba el castigo corporal como un aspecto indispensable de una sabia acción paterna. En otras palabras, el uso de la vara como instrumento de castigo no está en contra de la idea de disciplinar y pastorear a nuestros hijos: es un aspecto esencial de dicha idea. Los padres no pueden omitir este aspecto y engañarse a sí mismos pensando que son buenos pastores para sus hijos.

El lenguaje de "castigar" al hijo con la vara evoca para algunos imágenes de violencia contra los niños. Pero Salomón no está aquí dando su aprobación al abuso físico ni a la brutalidad. No está dando aliento a los padres para apalear a sus hijos. La palabra traducida "castigar" las dos veces que aparece en Proverbios 23:13-14 significa simplemente "golpear", sin ninguna necesaria connotación acerca de la ligereza o severidad del golpe aplicado. Pero el contexto pone en claro que el propósito de golpear al niño es el de infligir dolor, no el de producir un daño. El dolor infligido no tiene el designio de dañar al niño, sino de hacer inolvidable la consecuencia de la desobediencia. Si tu azotaina deja moretones o verdugones que siguen visibles al día siguiente, estás pegando demasiado fuerte a tu hijo. Unos breves y escocedores azotes en el trasero (donde hay más abundancia de acolchamiento natural) no causará daños al niño, pero serán lo suficientemente dolorosos para hacer que las consecuencias de la desobediencia sean suficientemente desagradables e inolvidables.

Proverbios 13:24 deja bien claro que la disciplina debe ser siempre administrada con amor. Los padres que administran un castigo en la furia de la exasperación en lugar de con amor no encontrarán apoyo en ningún lugar de la Biblia para esta clase de disciplina. Pero tampoco aprueba la Biblia un amor superficial siempre transigente, indulgente y permisivo.

El amor que conduce a una disciplina adecuada es un amor fuerte y robusto que exige obediencia y que castiga la desobediencia debido a que esto es lo mejor para el niño. El padre debería dolerse de la necesidad de administrar castigo y puede por ello dolerse junto con el niño por las consecuencias del pecado. El castigo físico, cuando está saturado de esta clase de amor, es un correctivo muy poderoso.

El castigo debería ser también firme y consecuente. "Castiga a tu hijo en tanto que hay esperanza; mas no se apresure tu alma a destruirlo" (19:18). No seas inconsecuente con tu disciplina, y no seas tan blando hasta el punto de volverte excesivamente indulgente. La corrección ha de ser firme y no vacilante, o no será efectiva. Si los padres son inconsecuentes, los hijos comenzarán a considerar que la disciplina es algo arbitrario y caprichoso.

"La vara y la corrección dan sabiduría; mas el muchacho consentido avergonzará a su madre" (29:15). Un hijo desobediente no solo constituye un desastre espiritual sino también una personalidad antisocial, y, con mucha frecuencia deviene un adulto criminal.

Debo decir que personalmente no acepto muchas de las modernas excusas para la rebelión infantil. A más y más padres de hijos difíciles se les dice que sus hijos sufren de dolencias como el desorden de déficit de atención, desorden de déficit de atención con hiperactividad, desorden de personalidad antisocial, desorden de oposición desafiante, desorden de personalidad histriónica, y desorden bipolar (depresión maníaca). No sé de ninguna causa orgánica o biológica para ninguno de estos "desórdenes". La mayoría de estos diagnósticos me parecen poca cosa más que términos clínicos que se han aplicado a conductas perezosas, egoístas, desafiantes o de otras manifestaciones pecaminosas.

Sin embargo, muchos médicos prescriben automáticamente fármacos para el tratamiento de esas dolencias. El *Ritalin* es un fármaco psicoestimulante del grupo de las anfetaminas que actualmente están tomando más de dos millones de niños solo en los Estados Unidos con el propósito de suprimir la mala conducta. Así, millones de padres han aceptado los fármacos en sustitución de la disciplina. Los fármacos necesitan menos tiempo; son indoloros; y solo se tienen que administrar dos veces al día.

Se ha establecido un gigantesco mercado para esos fármacos en base del mito de que las pautas de malas conductas en los niños son siempre patológicas en lugar de (tal como lo diría Salomón) una necedad pecaminosa en el corazón del niño. Tan pronto como los fármacos cesan en su efecto, vuelve la mala conducta. ¿Y qué harán estos niños cuando sean adultos, si los fármacos son lo único que suprimía su conducta pecaminosa en la infancia? Las cárceles de nuestra nación se están atiborrando de respuestas a esta pregunta.

Puede que sea cierto que algunos niños son más propensos a tener períodos más cortos de atención u otras debilidades que causen que les sea más difícil aprender que a otros. Evidentemente, muchas capacidades naturales, como la inteligencia y la creatividad, van principalmente condicionadas por factores genéticos. También es muy probable que haya razones genéticas o causas biológicas desconocidas para ciertas discapacidades de aprendizaje.

Pero las dificultades en el aprendizaje, por sí mismas, no son una cuestión moral. La desobediencia, la crueldad hacia otros niños, y la falta de respeto a los adultos sí son cuestiones morales. Asignar un nombre clínico a una mala conducta persistente y usar esto como excusa para una conducta pecaminosa es un grave error. La desobediencia es pecado, sean cuales sean los factores que conformen las aptitudes naturales del niño.

En otras palabras, hay pocas excusas para un hijo rebelde. La Biblia indica que los padres pueden y deberían enseñar a sus hijos a obedecer. Aunque esto es indudablemente una tarea más difícil con unos niños que con otros, *nunca* es prerrogativa de los padres drogar a un hijo con fármacos en lugar de disciplinarlo, no importa cuántos sean los médicos modernos dispuestos a clasificar una mala conducta habitual como una especie de patología clínica. No importa cuáles sean las razones para la mala conducta del hijo, la rebelión y la desobediencia son en último término un trastorno *moral, pecado,* y la Biblia misma pone la responsabilidad de la corrección a los pies de los padres.

Enseña a tus hijos a escoger a sus compañeros

Puede que no haya ningún principio más vital y sin embargo, más descuidado que este: Enseña a tus hijos a escoger sabiamente a sus compañeros. Salomón escribió: "El que anda con sabios, sabio será; mas el que se junta con necios será quebrantado" (Pr. 13:20).

En esta cuestión los padres han de ser militantes. Si no ayudas a tus hijos a escoger y no les ayudas a *aprender* a seleccionar por sí mismos las compañías adecuadas, será inevitable que las malas compañías los seleccionen a ellos. La responsabilidad de enseñar a los niños cómo escoger con sabiduría a sus amigos es por ello un elemento fundamental del éxito en la crianza bíblica de los hijos.

El apóstol Pablo escribió: "No os erréis; las malas conversaciones corrompen las buenas costumbres" (1 Co. 15:33). Las normas morales personales de tus hijos, el lenguaje que empleen, y las actividades a que se dediquen, probablemente no se elevarán por encima del denominador común mínimo de sus compañeros. En raras ocasiones tiene un niño la capacidad de elevarse por encima del grupo dentro del que se desarrolla.

Y las malas influencias entre sus amigos constituyen un peligro mortífero. "Un poco de levadura leuda toda la masa" (1 Co. 5:6). Es un hecho de la naturaleza humana que los jóvenes son más propensos a seguir un mal ejemplo que a dar un buen ejemplo, especialmente si ello significa enfrentarse a sus iguales.

En Proverbios 1:10, Salomón dice a su hijo: "Hijo mío, si los pecadores te quisieren engañar, no consientas". Él quería cerciorarse de que su hijo no fuese susceptible de ser reclutado por malas compañías. Advirtió por ello a su hijo que los malignos siempre tratarán de seducir a los simples haciendo que el mal suene entusiasmante. Pero Salomón dijo a su hijo:

> Si dijeren: Ven con nosotros;
> Pongamos asechanzas para derramar sangre,
> Acechemos sin motivo al inocente;
> Los tragaremos vivos como el Seol,
> Y enteros, como los que caen en un abismo;
> Hallaremos riquezas de toda clase,
> Llenaremos nuestras casas de despojos;

Echa tu suerte entre nosotros;
Tengamos todos una bolsa,
Hijo mío, no andes en camino con ellos.
Aparta tu pie de sus veredas,
Porque sus pies corren hacia el mal,
Y van presurosos a derramar sangre.
Porque en vano se tenderá la red
Ante los ojos de toda ave;
Pero ellos a su propia sangre ponen asechanzas,
Y a sus almas tienden lazo. (Pr. 1:11-18)

Los jóvenes están siendo seducidos en la actualidad precisamente a esta clase de crímenes, y a una edad más temprana que nunca. La violencia de las pandillas, la delincuencia preadolescente, y el creciente abuso de las drogas y del alcohol en nuestras escuelas primarias son todas ellas tendencias que están estrechamente relacionadas con la tendencia de los jóvenes a escoger el tipo equivocado de compañías. El fracaso pertenece en último término a los padres que no están vigilantes acerca de las amistades que permiten hacer a sus hijos.

Cada padre ha de tomarse este deber en serio. Incluso si no vives en la clase de vecindario donde las pandillas podrían reclutar a tu hijo, puedes estar seguro de que a su tiempo tus hijos se encontrarán ante unas terribles presiones de sus iguales para que adopten una norma de conducta impía y pecaminosa. Debes enseñarles a actuar con sabiduría en la selección de sus amistades, para que no se vean intimidados a unirse a círculos que no debieran. No permitas que tus hijos se rodeen de la clase errada de presión de iguales. Enséñalos a escoger compañeros que los respalden.

Es imposible exagerar la importancia de este principio para nuestros hijos. La sabiduría es más o menos recapitulada en la capacidad de evitar compañeros perjudiciales:

Cuando la sabiduría entrare en tu corazón,
Y la ciencia fuere grata a tu alma,
La discreción te guardará;
Te preservará la inteligencia,

Para librarte del mal camino,
De los hombres que hablan perversidades,
Que dejan los caminos derechos,
Para andar por sendas tenebrosas;
Que se alegran haciendo el mal,
Que se huelgan en las perversidades del vicio;
Cuyas veredas son torcidas,
Y torcidos sus caminos. (Pr. 2:10-15)

Enseña a tus hijos a controlar sus apetitos

El apóstol Pablo escribió a Timoteo: "Huye también de las pasiones juveniles, y sigue la justicia, la fe, el amor y la paz, con los que de corazón limpio invocan al Señor" (2 Ti. 2:22). Es significativo que el apóstol se refiera a las pasiones *juveniles*. El padre sabio se dará cuenta de que todos los adolescentes desarrollan poderosas pasiones que pueden conducirles a la tragedia a no ser que aprendan a controlar sus apetitos.

Este es uno de los temas dominantes en los primeros capítulos de Proverbios. Evidentemente, Salomón la consideraba una verdad crítica que debía comunicar a su hijo. Y no es para asombrarse. El fracaso en este mismo campo era lo que estaba en el trasfondo de los fracasos del mismo Salomón.

Volvemos a Proverbios 2, exactamente donde lo dejamos en nuestro punto anterior. Salomón estaba diciendo que la verdadera sabiduría tenía el efecto de liberarnos de malas compañías y de las sutilezas de los malhechores. Prosigue de la siguiente manera:

Serás librado de la mujer extraña,
De la ajena que halaga con sus palabras,
La cual abandona al compañero de su juventud,
Y se olvida del pacto de su Dios.
Por lo cual su casa está inclinada a la muerte,
Y sus veredas hacia los muertos;
Todos los que a ella se lleguen, no volverán,
Ni seguirán otra vez los senderos de la vida. (Pr. 2:16-19)

En otras palabras, Salomón está diciendo a su hijo que la fornicación puede ser literalmente fatal. Dice lo mismo en 5:3-5: "Los labios de la mujer extraña destilan miel, y su paladar es más blando que el aceite; mas su fin es amargo como el ajenjo, agudo como espada de dos filos. Sus pies descienden a la muerte; sus pasos conducen al Seol".

Algunos comentaristas creen que aquí hay una referencia a las enfermedades venéreas, o posiblemente a la clase de castigo divino que le cuesta la vida al pecador (cp. 1 Co. 11:30; 1 Jn. 5:16). Pero es más probable que aquí tengamos una referencia a la pena legal por adulterio que se establece en Deuteronomio 22:22: "Si fuere sorprendido alguno acostado con una mujer casada con marido, ambos morirán, el hombre que se acostó con la mujer, y la mujer también; así quitarás el mal de Israel".

Pero incluso en una sociedad en la que no se aplica la pena de muerte en casos de adulterio, la fornicación es un pecado destructor del alma y de la vida. Salomón desarrolla este argumento en Proverbios 6:23-33:

> Porque el mandamiento es lámpara,
> Y la enseñanza es luz,
> Y camino de vida las represiones que te instruyen,
> Para que te guarden de la mala mujer,
> De la blandura de la lengua de la mujer extraña.
> No codicies su hermosura en tu corazón,
> Ni ella te prenda con sus ojos;
> Porque a causa de la mujer ramera
> El hombre es reducido a un bocado de pan;
> Y la mujer caza la preciosa alma del varón.
> ¿Tomará el hombre fuego en su seno
> Sin que sus vestidos ardan?
> ¿Andará el hombre sobre brasas
> Sin que sus pies se quemen?
> Así es el que se llega a la mujer de su prójimo;
> No quedará impune ninguno que la tocare.
> No tienen en poco al ladrón si hurta
> Para saciar su apetito cuando tiene hambre;
> Pero si es sorprendido pagará siete veces;

Entregará todo el haber de su casa.
Mas el que comete adulterio es falto de entendimiento;
Corrompe su alma el que tal hace.
Heridas y vergüenza hallará,
Y su afrenta nunca será borrada.

La fornicación a menudo trae una vida de oprobio continuo. Muchas vidas han sido totalmente destruidas por un solo acto de adulterio. El cónyuge de la parte adúltera puede encontrar imposible volver a la confianza que ha sido quebrantada. Incluso si la ofensa es perdonada y se salva el matrimonio, a menudo se mantiene una medida de desconfianza de por vida. El pecado mismo conlleva un estigma del que puede ser imposible escapar. Si quieres comprender la gravedad de este pecado, recuerda que los hombres no están calificados para ser ancianos y diáconos en la iglesia excepto si son "irreprensibles" (1 Ti. 3:2, 10). Cuando un anciano o un diácono caen en un acto de fornicación, adquieren un oprobio que puede acompañarles para el resto de su vida. Y esto significa una descalificación permanente. Es un gran precio el que se paga, pero así es el oprobio asociado con esta clase de pecado.

Proverbios 7 retoma de nuevo este tema. Y aquí Salomón quiere destacar de una manera gráfica los peligros de la ingenuidad y la importancia de no ceder a una pasión desenfrenada. Casi todo el capítulo se dedica a una escena en la que actúan una seductora y su ingenua víctima, "un joven falto de entendimiento" (v. 7). Este atolondrado, irresponsable insensato de cabeza de chorlito, se dirige deliberadamente hacia la tentación. Está en una parte de la ciudad a la que no debería haber acudido. El escenario es descrito como si Salomón estuviera contemplándolo desde la celosía de su ventana, describiendo lo que ve:

Porque mirando yo por la ventana de mi casa,
Por mi celosía,
Vi entre los simples,
Consideré entre los jóvenes,
A un joven falto de entendimiento,
El cual pasaba por la calle, junto a la esquina,

> E iba camino a la casa de ella.
> A la tarde del día, cuando ya oscurecía,
> En la oscuridad y tinieblas de la noche. (Pr. 7:6-9)

Aquí tenemos a la víctima. Y él es la víctima no solo de la seductora sino también de su propia pecaminosa ingenuidad y de sus propios malvados deseos. Él sabe muy bien a donde va. Está deliberadamente dirigiendo sus pasos a la casa de una mujer inmoral, caminando por la calle cerca de su esquina. Puede que no tenga ningún mal plan en particular, excepto el de merodear cerca de su casa para ver qué va a suceder, pero está en un vecindario en el que no debería estar, exponiéndose voluntariosamente a la tentación. Este tipo de conducta está en el origen de casi cada pecado de inmoralidad. Si enseñamos a nuestros hijos a no andar por lugares resbaladizos, minimizaremos las oportunidades de que puedan caer.

Pero aquí tenemos a un muchacho andando entre dos luces en un mal vecindario de la ciudad, y allí cae presa de una prostituta:

> Cuando he aquí, una mujer le sale al encuentro,
> Con atavío de ramera y astuta de corazón.
> Alborotadora y rencillosa,
> sus pies no pueden estar en casa;
> Unas veces está en la calle, otras veces en las plazas,
> Acechando por todas las esquinas.
> Se asió de él, y le besó.
> Con semblante descarado le dijo:
> Sacrificios de paz había prometido,
> Hoy he pagado mis votos;
> Por tanto he salido a encontrarte,
> Buscando diligentemente tu rostro,
> Y te he hallado. (Pr. 7:10-15)

Esto es lo que se conoce como el enfoque directo de la seducción. Ella se ase de él, lo besa, y se propone abiertamente a él. Prosigue diciéndole que ha estado bajo un voto temporal de castidad, pero que ahora ya ha terminado. Esto es sin duda una mentira, pero es su forma de invitarle a celebrar el fin de su celibato. Es una inducción directa a un acto de fornicación.

Ella le dice: "He salido a encontrarte", como si de verdad él fuese la persona que ella buscaba. Esta es otra mentira, naturalmente, porque ella se habría ofrecido a cualquier hombre que se hubiera cruzado en su camino.

> Y ella hace bien patentes sus intenciones inmorales:
> He adornado mi cama con colchas
> Recamadas con cordoncillo de Egipto;
> He perfumado mi cámara
> Con mirra, áloes y canela.
> Ven, embriaguémonos de amores hasta la mañana;
> Alegrémonos en amores.
> Porque el marido no está en casa;
> Se ha ido a un largo viaje.
> La bolsa de dinero llevó en su mano;
> El día señalado volverá a su casa. (Pr. 7:16-20)

Con ello lo está seduciendo al apelar a toda clase de voluptuosidad. Los finos lienzos, el perfume y las especias son todos ellos atracciones sensuales, cebos eróticos para la ingenua víctima. Le promete que estará seguro, porque su marido está muy lejos, en un viaje de negocios, con mucho dinero para gastar, y su vuelta no está prevista hasta al cabo de mucho tiempo. Así ella anula los escrúpulos y temores del muchacho con su astuta seducción.

Pero oculto detrás de las palabras halagadoras y de los encantos tentadores de esta mujer se agazapa un peligro mortal. El verdadero designio de la mujer es darle muerte, probablemente para robarle todo el dinero o artículos de valor que pueda llevar encima. Lo mismo que todas las prostitutas, no está interesada en un romance; solo quiere su bolsa y su riqueza; y está dispuesta a hacer lo que sea para conseguirlo.

> Lo rindió con la suavidad de sus muchas palabras,
> Le obligó con la zalamería de sus labios.
> Al punto se marchó tras ella,
> Como va el buey al degolladero,

Y como el necio a las prisiones para ser castigado;
Como el ave se apresura a la red,
Y no sabe que es contra su vida,
Hasta que la saeta traspasa su corazón. (Pr. 7:21-23)

La moral de la historia de Salomón es una verdad que los padres deben enseñar a sus hijos acerca del mortal peligro de sucumbir a los deseos carnales:

Ahora pues, hijos, oídme,
Y estad atentos a las razones de mi boca.
No se aparte tu corazón a sus caminos;
No yerres en sus veredas.
Porque a muchos ha hecho caer heridos,
Y aun los más fuertes han sido muertos por ella.
Camino al Seol es su casa,
Que conduce a las cámaras de la muerte. (Pr. 7:24-27)

Enseña a tus hijos a gozar de sus respectivos cónyuges

La enseñanza anterior tiene también su reverso. Enséñales a canalizar sus pasiones juveniles hacia fines rectos. De manera específica, enséñales a reservar sus pasiones sexuales en exclusiva para sus respectivos cónyuges, y enséñales con ello a ser fieles en el matrimonio.

Proverbios 5:15 dice: "Bebe el agua de tu misma cisterna, y los raudales de tu propio pozo". Aquí tenemos una metáfora. Salomón estaba diciendo a su hijo que debería ser fiel a su esposa, y no buscar la satisfacción de sus deseos sexuales fuera del vínculo de su matrimonio. Este versículo sigue de inmediato a una de las advertencias de Salomón acerca de los peligros de la prostituta, y luego explica adicionalmente esta metáfora en los versículos 18-20.

Sea bendito tu manantial,
Y alégrate con la mujer de tu juventud,
Como cierva amada y graciosa gacela.
Sus caricias te satisfagan en todo tiempo,

Y en su amor recréate siempre.
¿Y por qué, hijo mío, andarás ciego con la mujer ajena,
Y abrazarás el seno de la extraña?

Enseña a tus hijos que el único lugar justo donde encontrar la satisfacción de sus deseos sexuales es en sus propios cónyuges. Salomón escribió todo un libro de la Biblia, El Cantar de los Cantares, celebrando los goces de la relación conyugal. Desdichadamente, el mismo Salomón tomó múltiples esposas, destruyendo con ello la perfecta unión entre un hombre y una mujer que debía constituir el matrimonio (Gn. 2:24). Sin embargo, el Cantar de los Cantares sigue manteniéndose como un cántico inspirado acerca de cómo debe ser la relación matrimonial ideal.

Primera a los Tesalonicenses 4:3-5 (RVR77) dice: "Esta es la voluntad de Dios: vuestra santificación; que os apartéis de fornicación; que cada uno de vosotros sepa como poseer su propio vaso en santidad y honor". "Vaso" en este versículo puede ser una referencia a la esposa, un vaso más frágil (1 P. 3:7), o pudiera ser una referencia al propio cuerpo de la persona. En todo caso, hay una demanda de fidelidad dentro de los vínculos del matrimonio, que en el designio de Dios es una unión entre *dos* personas que vienen a ser *una* carne (Ef. 5:31).

Padres, no cometan el error que cometió Salomón. Enseñen esta lección a sus hijos mediante el ejemplo así como por precepto. Muéstrenles por la forma en que tratan a su cónyuge y por las cosas que se dicen que el verdadero contentamiento y la satisfacción plena se encuentran solo dentro del pacto del matrimonio.

Enseña a tus hijos a vigilar sus palabras

En Proverbios 4:24, Salomón exhorta a su hijo: "Aparta de ti la perversidad de la boca, y aleja de ti la iniquidad de los labios". Los padres deben enseñar a sus hijos a vigilar sus palabras. A decir la verdad. A decir aquello que edifica, no aquello que daña a otros. Y a mantener las palabras limpias.

Puedo dar testimonio de que cuando era niño, esta fue una de las lecciones en las que mis padres trabajaron más duro para enseñarme. De modo que, como adulto, ni siquiera pienso en usar palabras obscenas. Probablemente, soy de las personas menos susceptibles a emplear imprecaciones o palabrotas. Esto se debe indudablemente a que de niño me lavaron la boca muchas veces con jabón por palabras que ni podía comprender ni pronunciar correctamente. Hasta el día de hoy, cuando oigo a alguien emplear un lenguaje vil, ¡me viene a la lengua un sabor a jabón!

Los proverbios de Salomón están llenos de observaciones acerca de la importancia de vigilar las palabras que uno emplea. "Manantial de vida es la boca del justo" (10:11). "Plata escogida es la lengua del justo" (v. 20). "Los labios del justo apacientan a muchos" (v. 21). "Los labios del justo saben hablar lo que agrada" (v. 32). "Hay hombres cuyas palabras son como golpes de espada; mas la lengua de los sabios es medicina" (12:18). "La boca de los sabios esparce sabiduría" (15:7). "El corazón del sabio hace prudente su boca, y añade gracia a sus labios" (16:23). "Los labios prudentes son joya preciosa" (20:15).

Y observemos de manera especial Proverbios 12:22: "Los labios mentirosos son abominación a Jehová; pero los que hacen verdad son su contentamiento". Una lección que siempre buscamos reforzar en nuestros hijos era la importancia de decir la verdad. El dolor aplicado a las consecuencias de mentir era siempre el doble del dolor debido a cualquier otra ofensa. Naturalmente, a ninguno de ellos les gustaba ser atrapados en un acto de desobediencia. Pero si desobedecían y luego mentían acerca de ello, las consecuencias eran peores en varias magnitudes superiores. Y así les enseñamos siempre a que dijesen la verdad. Esta es una lección vital, porque si alguien puede cauterizar su conciencia hasta ser capaz de vivir en la mentira, esta persona será capaz de *cualquier* pecado. Si puedes cubrir un pecado con una mentira, y si condicionas tu conciencia a tolerar aquella mentira, tu conciencia llegará a ser en efecto inútil para preservarte de *ningún* pecado.

Aquí tenemos otra importante lección acerca de la vigilancia de tus palabras: "En las muchas palabras no falta el pecado; mas el que refrena sus labios es prudente" (10:19). Enseña a tus hijos que con frecuencia es más prudente *no* hablar. Santiago escribió: "Ningún hombre puede domar la lengua, que es un mal que no puede ser refrenado, llena de veneno mortal" (Stg. 3:8). Las bocas de los necios están llenas de contienda, de ruina, de calumnias, de menosprecio hacia los demás, de maledicencia, de desgracia, de mentiras, de engaño y de perversidad. Así, enseña a tus hijos que a veces es mejor no decir nada.

Enseña a tus hijos a llevar a cabo su trabajo

Mientras estás en ello, enséñales el valor del trabajo duro: "Vé a la hormiga, oh perezoso, mira sus caminos, y sé sabio; la cual no teniendo capitán, ni gobernador, ni señor, prepara en el verano su comida, y recoge en el tiempo de la siega su mantenimiento" (Pr. 6:6-8).

Casi cualquiera trabajará duro, o *parecerá* que lo hace, cuando el jefe está vigilando. Pero la hormiga trabaja duro aunque no tiene jefe. Tus hijos trabajarán si tú estás ahí presente con un látigo. Pero ¿trabajarán si no estás presente? Tendrán que aprender a trabajar por su propia iniciativa si quieren triunfar en la vida.

También necesitan aprender como planificar por adelantado. La hormiga sabe cómo preparar su comida en verano, anticipándose al invierno venidero. ¿Saben tus hijos como planificar y trabajar para sus necesidades futuras? Esta es otra lección vital que los padres sabios deben enseñar a sus hijos.

> De otro modo, tus hijos crecerán hechos unos holgazanes.
> Perezoso, ¿hasta cuándo has de dormir?
> ¿Cuándo te levantarás de tu sueño?
> Un poco de sueño, un poco de dormitar,
> Y cruzar por un poco las manos para reposo;
> Así vendrá tu necesidad como caminante,
> Y tu pobreza como hombre armado. (Pr. 6:9-11)

Un perezoso es una persona holgazana. O podríamos decir que el perezoso es una persona por otra parte normal con demasiadas excusas, con demasiadas negativas, con demasiadas demoras. Se dedica a postergar. Se para. Hace lo que le gusta y posterga aquello que encuentra desagradable. Pero sufrirá hambre, pobreza y fracaso. Se pierde la cosecha de mañana por gozar hoy de la holganza. Desea, pero no trabaja. La semilla de su fracaso se encuentra en su propia holgazanería. Esta es una de las peores taras de carácter. Los padres no deben permitir que sus hijos desarrollen hábitos de pereza y holgazanería.

En cambio, la persona que lleva a cabo su trabajo se gana bien la vida, tiene abundante alimento, y se gana el respeto de los demás. "¿Has visto hombre solícito en su trabajo? Delante de los reyes estará; no estará delante de los de baja condición" (22:29). "La mano negligente empobrece; mas la mano de los diligentes enriquece. El que recoge en el verano es hombre entendido; el que duerme en el tiempo de la siega es hijo que avergüenza" (10:4-5).

Enseña a tus hijos a administrar su dinero

Cuando tus hijos trabajan, hay una novena lección que deben aprender: cómo administrar su dinero con sabiduría. Proverbios 3:9-10 dice: "Honra a Jehová con tus bienes, y con las primicias de todos tus frutos; y serán llenos tus graneros con abundancia, y tus lagares rebosarán de mosto".

En otras palabras, si tú eres generoso con Dios, Él será generoso contigo. De modo que, honra al Señor con tu dinero. Esta es la primera regla de una prudente administración de las finanzas. Las primicias pertenecen al Señor. Y no solo las primicias, sino *todas* nuestras posesiones deben ser usadas para la gloria de Dios. Por tanto, si quieres que tus hijos e hijas conozcan la plenitud de la bendición de Dios, enséñales a dar generosamente a Dios, y enséñales cómo usar sus recursos para honrarle.

Ésta es la principal lección acerca del dinero: deberíamos usarlo para honrar al Señor. Hay otras muchas lecciones positivas.

La generosidad es una mejor política financiera que la tacañería (11:24-26). La bondad para con los pobres desliga las bendiciones de Dios (19:17; 22:9). Y (como se ha tratado más arriba) la persona sabia trabaja duro y planea para el futuro (10:4-5).

También hay lecciones por vía negativa. Proverbios 15:27, por ejemplo, expone la insensatez de buscar provecho económico por medios malvados: "Alborota su casa el codicioso; mas el que aborrece el soborno vivirá". Proverbios 6:1-5 describe los peligros de asociarse con amigos o con extraños en intentos de enriquecerse rápidamente.

Y hay más aún: "No te afanes por hacerte rico" (23:4). "El que confía en sus riquezas caerá" (11:28). "El que oprime al pobre para aumentar sus ganancias, o que da al rico, ciertamente se empobrecerá" (22:16).

Observemos cómo la Biblia vincula constantemente la verdad moral y los principios financieros. La forma en que uno administre su dinero es una cuestión moral y espiritual. Asegúrate de que tus hijos comprenden esto.

Enseña a tus hijos a amar a sus semejantes

Finalmente, enseña a tus hijos a amar a sus semejantes. Enséñales a valorar la bondad, la misericordia, y la compasión:

> No te niegues a hacer el bien a quien es debido,
> Cuando tuvieres poder para hacerlo.
> No digas a tu prójimo: Anda, y vuelve,
> Y mañana te daré,
> Cuando tienes contigo qué darle.
> No intentes mal contra tu prójimo
> Que habita confiado junto a ti. (Pr. 3:27-29)

El mandamiento a amar al prójimo era un artículo fundamental de la ley de Moisés: "Amarás a tu prójimo como a ti mismo. Yo Jehová" (Lv. 19:18).

En tiempos de Jesús, ciertos rabíes habían aguado esta ley diciendo que se aplicaba al *prójimo,* pero no a los *enemigos.* Esta versión del principio era: "Amarás a tu prójimo, y aborrecerás a tu enemigo" (Mt. 5:43). Pero Jesús observó que el mandamiento se aplicaba asimismo a los enemigos, porque hasta Dios es misericordioso con los malvados (Mt. 5:44-48). ¿Te has dado cuenta de que el principio de amar a los enemigos forma parte también de la sabiduría que se registra en Proverbios? Proverbios 25:21-22: "Si el que te aborrece tuviere hambre, dale de comer pan, y si tuviere sed, dale de beber agua; porque ascuas de fuego amontonarás sobre su cabeza, y Jehová te lo pagará". Las "ascuas de fuego" amontonadas sobre la cabeza se refieren a la quemazón de la conciencia. Si eres bondadoso para con un enemigo, y el fuego en su propia conciencia lo derrite a la bondad hacia ti, habrás transformado un enemigo en amigo. Deberías enseñar a tus niños, tanto por precepto como por ejemplo, a tratar así a sus enemigos. Porque nuestros enemigos son también nuestro prójimo. Y la Biblia nos manda claramente que los amemos.

Jesús dijo que el mandamiento de amar al prójimo es el segundo mandamiento más grande de la ley (Mt. 22:39). El mayor mandamiento, naturalmente, es Deuteronomio 6:5: "Amarás a Jehová tu Dios de todo tu corazón, y de toda tu alma, y con todas tus fuerzas". Toda la Ley y los Profetas dependen de estos dos mandamientos.

Observa que estos mismos dos principios son el primero y el último de los diez que he relacionado aquí: Teme a Dios y ama a tu prójimo. Todo lo que está en medio incorpora y amplifica estos principios. Enseña estos principios a tus niños, y los criarás en sabiduría.

Este es el deber de los padres. Padres, si descuidan enseñar a sus hijos a temer a Dios, Satanás les enseñará a odiar a Dios. Si descuidan enseñarles que guarden sus mentes, Satanás les enseñará a tener mentes corrompidas. Si descuidan enseñarles a obedecer a sus padres, Satanás les enseñará a rebelarse y a partir los corazones de sus padres. Si descuidan enseñarles a escoger con cuidado sus compañías, Satanás escogerá compañías para ellos. Si descuidan enseñarles a controlar sus deseos, Satanás les enseñará como satisfacer estos deseos. Si descuidan enseñarles cómo gozar de sus propios cónyuges, Satanás les enseñará a destrozar sus matrimonios. Si descuidan enseñarles a vigilar sus palabras, Satanás llenará sus bocas de inmundicia. Si descuidan enseñarles a llevar a cabo su trabajo, Satanás convertirá la holgazanería de ellos en un instrumento del infierno. Si descuidan enseñarles a administrar su dinero, Satanás les enseñará a malgastarlo viviendo perdidamente. Y si descuidan enseñarles a amar a su prójimo, Satanás les enseñará a amarse solo a sí mismos. Tenemos una gran responsabilidad para con esta generación, y con la venidera.

CINCO

❧ ❧

El primer mandamiento con promesa

Hijos, obedeced en el Señor a vuestros padres, porque esto es justo. Honra a tu padre y a tu madre, que es el primer mandamiento con promesa; para que te vaya bien, y seas de larga vida en la tierra.

—EFESIOS 6:1-3

En el capítulo anterior hemos contemplado brevemente la importancia de enseñar a nuestros hijos a obedecer a sus padres. De hecho, este era uno de los diez principios esenciales de la sabiduría que hemos examinado del libro de Proverbios. Pero enseñar a nuestros hijos a obedecer a sus padres es más que una cuestión de una sabiduría meramente pragmática. Es también un fundamento moral fundamental, que recibe un lugar destacado entre los Diez Mandamientos, y que es luego destacado constantemente en la Biblia. El deber del hijo de obedecer, y el deber de los padres de enseñar obediencia, merecen desde luego nuestra más exhaustiva atención y estudio. Por tanto, en este capítulo volvemos a considerar más a fondo este tema tan vital.

Los Diez Mandamientos (Éx. 20:3-17) incluyen dos clases de leyes: *deberes para con Dios* (no tener otros dioses ante Jehová; no hacer imágenes; no tomar el nombre de Dios en vano; y santificar el sábado); y *deberes para con nuestro prójimo* (honra a tu padre y a tu madre; no matarás; no cometerás adulterio; no hurtarás; no darás falso testimonio; y, no codiciarás.) Las cuatro leyes que rigen los deberes para con Dios son a menudo designadas como la Primera Tabla de la Ley; las seis leyes que rigen la conducta para con otras personas son a menudo designadas como la Segunda Tabla.

Las dos tablas se resumen en el primer y segundo grandes mandamientos (Mt. 22:37-39): "Amarás al Señor tu Dios con todo tu corazón, y con toda tu alma, y con toda tu mente" (lo que reitera el tema de la Primera Tabla); y "Amarás a tu prójimo como a ti mismo" (lo que resume los deberes de la Segunda Tabla).

El mandamiento acerca de honrar al padre y a la madre recibe el primer puesto en la Segunda Tabla de la Ley. En la vida de cada niño, este es el primer principio moral importante que debe aprender por lo que respecta a su conducta hacia los demás. Es un principio indispensable e inviolable de la ley moral de Dios, y que constituye el fundamento de todos los otros principios acerca de cómo deberíamos tratar a nuestros semejantes. Su importancia queda destacada no solo por su posición al encabezar la Segunda Tabla, sino también por la promesa que acompañaba a la promulgación de este Quinto Mandamiento en Éxodo 20:12: "Honra a tu padre y a tu madre, *para que tus días se alarguen en la tierra que Jehová tu Dios te dá*" (cursivas añadidas). El apóstol Pablo señala en Efesios 6:2 que es "el primer mandamiento con promesa". De hecho, es el *único* mandamiento del Decálogo que incluye una promesa. De todos los Diez Mandamientos, este es el único que hace una promesa específica de bendición y prosperidad a los que lo obedezcan. Según el apóstol, este hecho es significativo. Destaca la enorme importancia de este mandamiento.

La Biblia destaca y expande en repetidas ocasiones el principio del Quinto Mandamiento, enseñándonos que honrar a nuestros padres involucra obedecerles (Dt. 21:18-21; Ef. 6:1); honrarlos con nuestras palabras (Éx. 21:17; Lv. 20:9; Pr. 20:20; 30:11); mostrarles respeto en todas las maneras (Lv. 19:3), incluso con nuestras expresiones faciales (Pr. 30:17); atender a su consejo (Pr. 23:22-25), y no tratarlos nunca a la ligera en sentido alguno (Dt. 27:16; Ez. 22:7). El deber de un hijo de honrar a sus padres no cesa cuando el niño llega a ser adulto. La inviolabilidad de esta ley quedó reafirmada por el mismo Jesús, que condenó a los fariseos por haber inventado una manera en que los adultos podían soslayar el Quinto Mandamiento: "Bien invalidáis el mandamiento de Dios para guardar vuestra tradición. Porque Moisés dijo: Honra a tu padre y a tu madre; y: El que maldiga al padre o a la madre, muera irremisiblemente. Pero vosotros decís: Basta que diga un hombre al padre o a la madre: Es Corbán (que quiere decir, mi ofrenda a Dios) todo aquello con que pudiera ayudarte, y no le dejáis hacer más por su padre o por su madre, invalidando la palabra de Dios con vuestra tradición que habéis transmitido. Y muchas cosas hacéis semejantes a estas" (Mr. 7:9-13).

Ellos habían tomado un principio absoluto y esencial de la justicia y lo trataban como si fuera una figura de cera que pudiera ser conformada de cualquier manera que quisieran. Cristo los reprendió por hacer que sus propias doctrinas y mandamientos de factura humana suplantaran la norma moral del mismo Dios.

Algunos gustan de debatir acerca de si o hasta qué grado son aplicables los Diez Mandamientos a la era cristiana. Pero la aplicabilidad del Quinto Mandamiento está fuera de toda duda, porque el apóstol Pablo afirmó y reiteró este mandamiento de forma literal citando Éxodo 20:12 en Efesios 6:1-3: "Hijos, obedeced en el Señor a vuestros padres, porque esto es justo. Honra a tu padre y a tu madre, que es el primer mandamiento con promesa; para que te vaya bien, y seas de larga vida sobre la tierra".

En el gran sumario del apóstol sobre los deberes de la vida familiar, esta es la obligación singular que establece para los hijos. De hecho, este es el único mandamiento en toda la Biblia expresamente dirigido a los niños. Todos *los demás* deberes del niño, incluyendo la responsabilidad de amar a Dios y de amar a sus hermanos y hermanas, se resumen en este mandamiento: "Obedeced a vuestros padres". Si los padres cumplen con *su* deber de criar a sus hijos "en la disciplina y amonestación del Señor" (v. 4), el niño que se concentre en obedecer a papá y a mamá aprenderá, por esta obediencia, a obedecer el resto de los principios de Dios. Así es como se supone que han de funcionar las familias cristianas.

En otras palabras, el primer deber de los padres es enseñar a sus hijos a obedecerles y luego a transferir la misma obediencia a Dios.

Ahora bien, se debe admitir que no siempre es fácil enseñar a los hijos a obedecer a sus padres. Al menos, no fue fácil con mis hijos. Y no está resultando fácil con mis nietos. Exige un esfuerzo diligente de parte de los padres.

¿Por qué? Aquí doy tres razones principales: La *corrupción* alrededor de nuestros hijos tiende a contaminarlos; la *maldición* dentro de ellos tiende a desviarlos hacia el mal camino; y su propia *infantilidad* los hace vulnerables a muchos peligros.

LA ENSEÑANZA DE LA OBEDIENCIA
EN UNA ERA DE REBELIÓN

El mundo en el que vivimos hace especialmente difícil para nosotros enseñar obediencia a nuestros hijos. Hay *corrupción todo alrededor de ellos*. Nuestra sociedad entera es hostil a la verdad bíblica, y esta aversión contra Dios y contra las cosas de Dios da forma a la cultura en el seno de la cual hemos de criar a nuestros hijos. Hace un tiempo recorté esta carta de un joven adolescente al director de un semanario de noticias de ámbito nacional. Aquel joven escribía así:

> La economía está deshecha. La unidad familiar se encuentra en aprietos. El respeto hacia la autoridad es un chiste. Por el precio adecuado uno puede comprar un senador o un juez, o puede comprarse a una chica de dieciséis años para usarla un par de horas. El dinero no vale nada, y tú no vales nada sin dinero. Deja de preocuparte acerca de *por qué* tu hijo necesita un trago antes de tener que hacer frente a las clases matutinas, o *por qué* tu hija salió y quedó embarazada. Sencillamente, ayúdalos a hacer frente a las realidades de la vida. Antes de clasificarnos en categorías, recuerda que tenemos que gobernar este lugar de aquí a treinta años cuando tú te mueras, o te jubiles, o desfallezcas de hambre bajo los cuidados de la Seguridad Social. Te lo dejo en tus manos: O bien danos algo de ayuda y comprensión, o pon fin a las miserias de este mundo y envía los misiles, y esperemos que la Madre Naturaleza tenga mejor suerte con la siguiente cosa que saque del limo.

¡Qué triste que el pequeñuelo de alguien llegase a desarrollar tan pronto una perspectiva tan cínica de la vida! Pero en esta carta se refleja algo del temor, de la desconfianza y de la desorientación y perdición de toda una generación de niños y de jóvenes.

La sociedad secular parece dedicada a enseñar a los niños a rebelarse contra la autoridad. Los niños actuales contemplan aproximadamente treinta horas de televisión por semana. Antes que termine el bachillerato, la adolescente media americana habrá contemplado veinte mil horas de televisión. La gran mayoría de programas que haya visto habrán presentado las figuras de autoridad como malas y la rebelión como una virtud. Verá toda clase de pecados idealizados. La homosexualidad es presentada como una forma de vida normal, incluso noble. El asesinato, la inmoralidad, y las drogas formarán parte esencial de la programación diaria, de modo que incluso las peores acciones ya no parecerán repulsivas. Así insensibilizada frente a la gran pecaminosidad del pecado, e inclinada a desconfiar de la autoridad a la vez que da una categoría romántica a la rebelión, está dispuesta a entrar en la edad adulta con unos valores morales bien distintos y con una visión del mundo radicalmente diferente, de cualquiera de las componentes de la generación de sus bisabuelas.

¿Hay acaso motivo para sorprenderse de que diez millones de niños padezcan actualmente de enfermedades venéreas, con cinco mil más que contraen enfermedades de transmisión sexual cada día? ¿Es acaso motivo de sorpresa que uno de cada cinco adolescentes usa drogas con regularidad? ¿Nos sorprende de veras que casi un millón de mujeres jóvenes en las calles de América comenzaron a actuar como prostitutas antes de los dieciséis años? Entre siete y catorce millones de niños buscan ayuda cada año en consultorios psiquiátricos. Sectas satánicas, tiroteos en las escuelas, y adolescentes que matan o abandonan a bebés no deseados, todo eso son cosas que se han convertido en cotidianas.

Todas estas tendencias son fruto de una sociedad que aprueba y glorifica la rebelión.

La Biblia predijo que llegaría una época así: "También debes saber esto: que en los postreros días vendrán tiempos peligrosos. Porque habrá hombres amadores de sí mismos, avaros, vanagloriosos, soberbios, blasfemos, *desobedientes a los padres,* ingratos, impíos, sin afecto natural, implacables, calumniadores, intemperantes, crueles, aborrecedores de lo bueno, traidores, impetuosos, infatuados, amadores de los deleites más que de Dios, que tendrán apariencia de piedad, pero negarán la eficacia de ella; a estos evita" (2 Ti. 3:1-5, cursivas añadidas).

Observemos que una de las características de los últimos días es un extendido desafío contra los padres, junto con actitudes que los describen como "ingratos, impíos, sin afecto natural". El afecto natural que los niños deberían sentir por sus padres está siendo sistemáticamente destruido mediante el deliberado ataque de la sociedad contra la autoridad paterna.

Sirva de ejemplo la política que ahora rige en muchas escuelas públicas, que da potestad a las enfermeras en las escuelas para entregar preservativos y para disponer abortos para niñas, y que niega a los padres el derecho de ni siquiera conocer cuándo suceden estas cosas. ¿Es para sorprenderse que los niños y niñas en una sociedad así sean más y más rebeldes, indisciplinados, egoístas, airados, amargados, frustrados y destructivos?

Esta es la clase de caos moral en el que están creciendo actualmente los niños de hoy. La corrupción del pecado los rodea totalmente. Pero en medio de todas estas influencias, los padres cristianos han recibido como encargo la tarea de enseñar a sus hijos a obedecer y a respetar la autoridad, comenzando en el hogar.

CONFRONTANDO LA INCLINACIÓN NATURAL DEL HIJO

Además de la corrupción en el exterior, nuestros hijos han de contender con *la maldición del pecado en su interior.* No solo el mundo los presiona para que se amolden a la impiedad, sino que de todos modos su propia depravación los hace ser propensos a la rebelión. Ambas influencias obran constantemente contra los padres que quieren enseñar a sus hijos a obedecer. Desde luego, el padre que quiere criar un hijo obediente en el mundo de hoy no puede permitirse enfocar la cuestión con descuido.

Lo que es más, la tarea de enseñar a nuestros hijos a obedecer no es una asignación que pueda completarse en los años tempranos de su infancia. Hay lecciones que los padres tienen que seguir enseñando hasta que los hijos llegan a la edad adulta, dejan al padre y a la madre, y se unen a sus cónyuges.

La palabra griega traducida "hijos" en Efesios 6:1 es *teknon.* Es un término técnico que se aplica a los descendientes adultos así como a pequeñuelos. Naturalmente, sabemos por otros pasajes de la Biblia que el designio de Dios para los niños es que crezcan, dejen a sus padres, y se unan a sus cónyuges (Gn. 2:24). Evidentemente, cuando un hijo abandona el hogar, los padres ya no son más los custodios del hijo, y disminuye la responsabilidad del hijo. Pero incluso cuando el hijo ha abandonado el hogar, permanece el deber de respetar y honrar a los padres (Mt. 15:3-6). Este respeto a los padres se hará natural para nuestros hijos si han aprendido obediencia. Retendrán durante toda la vida una sensibilidad y un respeto a las perspectivas de sus padres, incluso cuando ya no estén directamente bajo la autoridad de sus padres.

Pero para hijos todavía bajo la supervisión de sus padres, este versículo demanda *obediencia*. En tanto que estén bajo los cuidados de sus padres, en tanto que los padres estén aceptando la responsabilidad de proveer a sus necesidades, los hijos deben obedecer. Están bajo la autoridad de sus padres. Esto se aplica a los hijos en su adolescencia tardía lo mismo que a pequeñuelos. A la inversa, los padres de adolescentes tienen el mismo deber que los padres de pequeños, de ser diligentes en enseñarles a obedecer. Una de las peores cosas que pueden hacer los padres en la edad de la adolescencia es ceder y permitir que sus hijos se rebelen.

Tú *debes* enseñar obediencia a tus hijos. Por naturaleza, no son obedientes. Y si crees que enseñarles a obedecer es una tarea simple, te vas a encontrar con una desagradable sorpresa. Tus hijos serán buenos en desobedecer; esto no será necesario que les enseñes. Nadie nunca le ha tenido que enseñar a un niño como desobedecer. Ningún padre jamás ha tenido que decirle a un pequeñuelo: "Vamos a hacer un juego para mostrarte cómo desobedecer". Tiene la desobediencia bien aprendida; les viene por naturaleza. Son expertos en ella desde el mismo principio. Pero la obediencia es algo que deben *aprender*.

Hay algo en la naturaleza humana que se resiste a la obediencia. Dile al pequeño que empieza a andar que no toque algo que está en la mesita de café, y se lanzará por ello tan pronto como el padre o la madre giren la espalda, si no antes. Hasta el apóstol Pablo escribió acerca de la inclinación humana a la desobediencia, observando que él mismo no estaba exento de ella: "Tampoco [yo] conociera la codicia, si la ley no dijera: No codiciarás. Mas el pecado, tomando ocasión por el mandamiento, produjo en mí toda codicia" (Ro. 7:7-8). Los niños nacen sabiendo desobedecer. La obediencia se les debe *enseñar*.

COMPENSANDO LA INMADUREZ DEL HIJO

En la actualidad hay un gran clamor y reivindicación en pro de la liberación de los niños. Los liberales sociales están constantemente hablando de "los derechos de los niños". Incluso he visto alguna literatura de una organización ostensiblemente cristiana apremiando a los padres a salvaguardar los derechos de sus niños, permitiendo a sus hijos libertad de expresión, derechos de intimidad, el derecho al propio respeto, etcétera. Según este grupo, el mayor problema que tienen los niños en la actualidad es que sus padres están pisoteando sus derechos.

Esto es un eco del humanismo; *no* es una perspectiva bíblica. Cuando la Biblia trata acerca del papel de los niños en la familia, el acento recae sobre las *responsabilidades,* no sobre los *derechos.* Y la *principal* responsabilidad de cada niño es obedecer a sus padres.

Tienen un problema fundamental, y es que son niños. Incluso aparte de sus tendencias *pecaminosas,* están rodeados de debilidades humanas, ignorancia, inmadurez y fragilidades de todas clases, que les hacen necesario obedecer la autoridad más alta que Dios les ha dado en sus padres. No están aún listos para la independencia.

Hasta Jesús, sin pecado y perfecto como era, tuvo que *aprender* obediencia como niño humano. Naturalmente, él nunca *desobedeció* ni actuó pecaminosamente. En su condición humana, fue todo lo que un niño podía ser: fue sin mancha, sin pecado, sin señal alguna de la depravación que nos marca a todos los demás. Sin embargo, como "nacido bajo la ley" (Gá. 4:4), tuvo que subordinarse a sus padres terrenales en conformidad al Quinto Mandamiento. Y *desde luego* que se sujetó a ellos (Lc. 2:51).

Ésta es una verdad notable: Hasta Jesús *aprendió* obediencia. En su humanidad, la obediencia fue algo que le tuvo que ser enseñado. La Biblia dice: "Por lo que padeció, aprendió la obediencia" (He. 5:8). ¿Cómo puede Alguien que es perfecto y sin pecado, el omnisciente Dios en la carne, *aprender* nada, especialmente la obediencia? No hay forma alguna en que nadie pueda penetrar todo el misterio que hay en este concepto.

Sin embargo, la Biblia es clara que Jesús *creció* y aprendió, y que su crecimiento y aprendizaje como niño fueron como los de los demás niños, excepto por su impecabilidad. Él creció en cuatro formas: "en sabiduría y en estatura, y en gracia para con Dios y los hombres" (Lc. 2:52). Él creció intelectualmente, físicamente, socialmente y espiritualmente.

Todos los niños necesitan crecer en estas mismas cuatro maneras. Como niños, carecen de sabiduría, carecen de estatura, necesitan crecer en el favor de Dios, y tienen todavía que adquirir la destreza social necesaria para tratar con los demás. Se ven cargados con todas las desventajas de la inmadurez, además de la maldición del pecado, y es nuestra tarea prepararlos para hacer frente a la corrupción del mundo.

AYUDÁNDOLOS A CRECER EN SABIDURÍA, EN ESTATURA Y EN FAVOR ANTE DIOS Y LOS HOMBRES

¿Cómo podemos suplir las necesidades intelectuales, físicas, sociales y espirituales de nuestros niños? En primer lugar, servirá de ayuda darnos cuenta de cuán profundas son realmente estas necesidades. Nuestros niños nacen ignorantes, físicamente débiles, espiritualmente deficientes y socialmente incapaces. Se les debe enseñar prácticamente todo lo que necesitan saber acerca de la vida.

La necesidad intelectual

En primer lugar, los niños no tienen discreción. No saben lo que es bueno para ellos y lo que no lo es. Los bebés ni siquiera saben lo que es bueno para comer. Meten suciedad, insectos o *cualquier cosa* en la boca. Al ir creciendo, puede que vayan mostrando más discriminación, pero hasta la mayoría de los adolescentes, si se les deja a sí mismos, escogerán cosas como cereales azucarados y comidas rápidas, en lugar de verduras y comidas sanas.

A nuestros hijos se les debe enseñar discreción. En el capítulo cuatro hemos dado una lista de diez principios de sabiduría práctica para la vida. Una vez más, a los niños esas cosas se las tienes que *enseñar* tú. Es probable que no lo descubran por sí mismos. No nacen con este conocimiento. Necesitan crecer en sabiduría.

Y mientras tanto, deben obedecer a sus padres, para asegurar que su propia deficiencia en sabiduría no los lleva a descarriarse.

La necesidad física

En segundo lugar, los niños nacen débiles e incapaces de valerse por sí mismos. De todos los mamíferos superiores de la creación de Dios, solo el hombre nace totalmente incapaz de valerse por sí mismo. Los recién nacidos son totalmente incapaces de andar, de gatear o siquiera de volverse. Los padres asumen la responsabilidad de alimentarlos, de cambiarlos, de asegurarse de que descansan lo suficiente, y de protegerlos de todo mal. Si alguien *no* hace todo esto por ellos, morirán.

Y al ir creciendo van adquiriendo fuerzas, coordinación y la capacidad de desplazarse por su cuenta. Poco a poco irán adquiriendo la capacidad de valerse por sí mismos. Mientras, la autoridad de los padres sobre ellos forma parte del paraguas protector que Dios les ha dado, en parte como compensación de la propia debilidad de ellos.

La necesidad social

En tercer lugar, los niños hacen frente a una gran necesidad de aprender algunas capacidades sociales básicas. Los niños no están aclimatados socialmente cuando nacen. De hecho, los niños son totalmente egocéntricos. Sus *únicos* intereses tienen que ver con sus propias necesidades. Lloran cuando tienen hambre; lloran cuando están cansados; lloran cuando necesitan ser cambiados. Ningún bebé llora jamás por las necesidades de su vecino. No sienten el dolor de ninguna otra persona. Solo chillan por el suyo propio. No sienten simpatía. No tienen interés en nada de lo que esté sucediendo en la familia. No prestan atención a la conversación. No hacen esfuerzo alguno en ayudar en nada. Están simplemente centrados en sí mismos.

Y, al ir creciendo, necesitan ser desembarazados de esta perspectiva tan egocéntrica. Pero ningún niño lo encuentra fácil. No quieren compartir sus juguetes. Lo quieren todo *ahora mismo*. Se pelean con sus hermanos y hermanas. Siguen siendo el centro de su propio mundo, y si deben madurar lo suficiente como para perder esta perspectiva, se les debe enseñar en este sentido.

Mientras, deben aprender a obedecer, porque la obediencia a sus padres es precisamente el primer paso para apartarse de este inmaduro egocentrismo infantil.

La necesidad espiritual

Finalmente, los niños tienen una enorme necesidad espiritual. Por naturaleza, no aprenderán a amar a Dios. Necesitan que se les enseñe la verdad espiritual, o nunca crecerán espiritualmente. Su ignorancia espiritual, añadida a su depravación natural, opera constantemente en contra de ellos.

La verdad de Romanos 8:7-8 se aplica incluso al más joven niño irregenerado: "La mente carnal es enemistad contra Dios; porque no se sujeta a la ley de Dios, ni tampoco puede; y los que viven según la carne no pueden agradar a Dios". Tienen una incapacidad constitucional para obedecer a Dios, para amarle o para agradarle. Sus corazones están inclinados al mal. "La necedad está ligada en el corazón del muchacho" (Pr. 22:15).

Y en vista de las muchas desventajas espirituales que operan en contra de los niños, Dios los ha puesto bajo la autoridad de sus padres como salvaguardia, para que ayuden a preservarlos de desviarse espiritualmente.

La autoridad paterna es por tanto como un invernadero en el que un niño puede crecer más seguro. Si los padres no proveen aquella protección por medio de su autoridad sobre el niño, todo crecimiento, intelectual, social, físico y espiritual, quedará malogrado.

COMPRENDIENDO LA OBEDIENCIA

El término "obedeced" en Efesios 6:1 es un término simple y gráfico. El apóstol Pablo emplea la palabra griega *hupakouø*. La raíz de la que está formada esta palabra significa "oír", o "prestar atención", e involucra la idea de escuchar con atención y de amoldarse a un mandamiento. Implica una actitud interior de respeto y honor, así como actos externos de obediencia. El apóstol Pablo recalca de inmediato la actitud interior al citar el Quinto Mandamiento: "*Honra* a tu padre y a tu madre" (v. 2, cursivas añadidas).

Una vez más, la *actitud* de honrar y respetar es un compromiso de por vida, cultivado por una infancia y una juventud llenas de *actos* de obediencia.

La palabra traducida "honrad" en el versículo 2 es *timaø*. Significa un honor reverente. De hecho, es la misma palabra griega que se emplea en Juan 5:23 para referirse a la reverencia y honra que se da a Dios: "Para que todos honren al Hijo como honran al Padre". De modo que se trata de una palabra intensa, sugiriendo que los niños deberían tener ante los padres una actitud de profunda honra y respeto, para que haya una actitud correcta subyacente a una actuación correcta, con el acto de obediencia siempre impulsado por una actitud de honra y de reverente respeto.

¿Cuán importante es la obediencia? Hemos observado al comienzo del capítulo que el Quinto Mandamiento es el único de los Diez Mandamientos que va reforzado con una promesa. Se encuentra también encabezando la Segunda Tabla de la ley. ¿Te has dado cuenta también de que es el único de los diez que trata de cómo funciona la familia? Esto se debe a que constituye el fundamento de todas las relaciones correctas, tanto en el hogar como fuera del mismo. Un hogar donde los hijos respeten a sus padres será un hogar lleno de armonía. Y una persona que crece con un sentido de obediencia, de disciplina y de respeto hacia sus padres será alguien que podrá hacer que cualquier relación humana funcione a cualquier otro nivel.

En otras palabras, el designio de Dios es que todas las relaciones humanas se basen en lo que se aprende por medio de la obediencia en la infancia. Si los niños aprenden respeto y sujeción en la familia, esto los capacitará para mantener relaciones apropiadas a lo largo de la vida. Pero si criamos una generación de niños indisciplinados que no saben lo que es respetar la autoridad, no solo dañaremos las relaciones de nuestros niños para toda su vida, sino que ayudaremos a crear un mundo caótico.

Para mostrar cuán seriamente consideraba Dios este mandamiento, observa que Éxodo 21:15, Levítico 20:9 y Deuteronomio 21:18-21 demandan la sentencia de muerte por lapidación contra los hijos rebeldes incorregibles o violentos. Uno se pregunta qué efecto se daría sobre la cultura juvenil si nuestra sociedad aplicase la pena capital a hijos delincuentes. La mayoría de los proponentes de los derechos de los niños en nuestra sociedad quieren ilegalizar el castigo físico. Si solo comprendieran las implicaciones de estos versículos, ¡entonces se enfurecerían de verdad!

Pero Dios manda a los niños que obedezcan, y Él designa a los padres para que les enseñen obediencia. Esta es una de las metas primordiales de la crianza de los hijos: producir hijos obedientes. No hay una tarea más básica o esencial para ningún padre o madre.

HONRANDO AL SEÑOR EN LA FAMILIA

Considera de nuevo Efesios 6:1: "Hijos, obedeced a vuestros padres *en el Señor*". La frase "en el Señor" significa "por causa del Señor". El comentarista puritano Matthew Henry escribió: "Algunos consideran esto como una limitación y lo comprenden así: "hasta allí donde sea consecuente con tus deberes para con Dios". No debemos desobedecer a nuestro Padre celestial por obediencia a los padres terrenales; porque nuestra obligación a Dios es anterior y superior a todas las demás. Yo lo veo más bien como una razón: "Hijos, obedeced a vuestros padres: por cuanto el Señor lo ha mandado; obedecedlos por tanto por causa del Señor, y con la mirada puesta en él". [1]

El Señor ha puesto a los padres sobre el niño. La autoridad de ellos deriva de la de Él. Por tanto, cuando los hijos obedecen correctamente lo hacen como para el Señor (cp. Col. 3:23-24). Por tanto, en cierto sentido los padres están en lugar del Señor, y los hijos deben obedecerlos "*en todo, porque esto agrada al Señor*" (v. 20, cursivas añadidas).

La única excepción sería si los padres mandan al hijo hacer algo malo. Ahí es donde la obediencia debe detenerse. Si los mandamientos de los padres están en claro conflicto con la Palabra revelada de Dios, entonces "es necesario obedecer a Dios antes que a los hombres" (Hch. 5:29). Todos los padres cometerán errores, y en ocasiones serán inconsecuentes, pero esto no anula la autoridad que han recibido del Señor. Al ir creciendo los hijos, habrá indudablemente ocasiones en que se mostrarán en desacuerdo con las instrucciones de sus padres. Pero esto no anula la responsabilidad del hijo de obedecer. Los padres son responsables ante Dios por la dirección que dan a sus hijos; los hijos son responsables ante Él por su obediencia a sus padres.

Algunos padres intentan imponer a sus hijos conductas que Dios ha prohibido. He conocido a jóvenes cuyos padres no cristianos les han prohibido leer sus Biblias o siquiera mencionar el nombre de Cristo. Algunos padres incrédulos han intentado obligar a sus hijos creyentes a que renuncien a Cristo. En tales casos, el deber del hijo es evidentemente obedecer a Dios antes que a los hombres.

Pero supongamos que un padre manda a su hijo que corte el césped en sábado. ¿Está el hijo con derecho a desobedecer solo porque crea que Dios quiere que pase el día en algún otro lugar? En absoluto. "Obedecer a Dios antes que a los hombres" se refiere a seguir su Palabra revelada, no algún sentimiento subjetivo inconsistente acerca de qué quiere el Señor que hagamos en un momento determinado. La clara instrucción de Dios al hijo en *esta* cuestión está en Efesios 6:1: "Obedeced a vuestros padres". El hijo debería cortar el césped. Solo si los padres exigen al hijo que desobedezca la revelación inspirada por Dios, la Biblia (2 Ti. 3:16), se encontraría el hijo en una posición de tener que ir en contra de los deseos de sus padres.

Y si Dios pone a un hijo en situación de desobedecer a sus padres para obedecerle a Él, incluso en este caso no hay justificación para una actitud desafiante y rebelde. El hijo debe estar dispuesto a soportar las consecuencias de desobedecer a sus padres. He conocido a jóvenes que fueron excluidos de sus familias por causa de su testimonio de Cristo. Esto es exactamente a lo que se refería Jesús cuando dijo: "Porque he venido para poner en disensión al hombre contra su padre, a la hija contra su madre, y a la nuera contra su suegra; y los enemigos del hombre serán los de su casa. El que ama a padre o madre más que a mí, no es digno de mí; el que ama a hijo o hija más que a mí, no es digno de mí" (Mt. 10:35-37).

Afortunadamente, es muy poco frecuente, incluso en nuestra sociedad hostil a Dios, que los padres persigan a sus hijos hasta tal extremo. La norma es que incluso en las familias no cristianas, los hijos pueden y deberían obedecer a sus padres en *todo,* y glorificar a Dios en ello.

¿Por qué es glorificado Dios cuando los hijos se sujetan a la autoridad de sus padres? ¿Cómo es glorificado Dios incluso cuando un hijo creyente se sujeta a padres incrédulos? Efesios 6:1: "Porque esto es justo". Esta es la manera en que Dios ha ordenado la familia, y es sencillamente *justo* que los hijos obedezcan a sus padres.

Alguien dirá: "Pero ¿dónde está la evidencia psicológica? ¿Quién hizo los estudios de los casos prácticos? ¿Cuáles son las opiniones de los expertos en desarrollo infantil acerca de esto?"

¿Acaso importan las opiniones de los demás? Esto es lo que *Dios* dice: Obedecer a los padres es lo justo. "Los mandamientos de Jehová son rectos, que alegran el corazón" (Sal. 19:8). "Por esto estimé rectos todos tus mandamientos sobre todas las cosas, y aborrecí todo camino de mentira" (Sal. 118:128). "¿Quién es sabio para que entienda esto, y prudente para que lo sepa? Porque los caminos de Jehová son rectos, y los justos andarán por ellos; mas los rebeldes caerán en ellos" (Os. 14:9).

No necesitamos una investigación psicológica. No necesitamos explorar las teorías de personas que piensan de diferente manera. No necesitamos que los expertos den su apoyo a lo que dice la Biblia. Dios dice que esto es justo. Y como cristianos, nuestra confianza en su preciosa Palabra es tal que consideramos resuelta la cuestión.

Dios recibe honra cuando los hijos obedecen a sus padres sencillamente porque esto es lo que Él ha mandado.

DISCERNIENDO LA ACTITUD DETRÁS DE LA ACCIÓN

Observemos que el énfasis del Quinto Mandamiento recae sobre la actitud, no meramente sobre el acto de obediencia. El mandamiento mismo no emplea siquiera la palabra "obedecer". Dice: "*Honra* a tu padre y a tu madre" (Ef. 6:2, cursivas añadidas). Esto describe una condición del corazón. Excluye una obediencia desganada, una obediencia enfurecida o cualquier obediencia externa donde el corazón se mantiene desafiante. Un amoldamiento externo que oculta un corazón insubordinado no es una obediencia que glorifique a Dios. Es evidente que lo que se demanda en Efesios 6:1 no es la mera obediencia externa.

Honrar es la actitud subyacente a la acción. La obediencia sin honra no es más que hipocresía, y la hipocresía es pecado. Esta clase de hipocresía es un pecado al que son susceptibles todos los niños, y el padre sabio buscará corregir no solo las *acciones* desafiantes, sino también las malas actitudes.

Nosotros no podemos juzgar los motivos del corazón (1 S. 16:7), de modo que, ¿cómo podemos los padres saber cuándo la actitud de un niño es mala? Es cierto que los padres no siempre pueden conocer con certidumbre la actitud del niño, pero hay ciertas señales indicadoras que observar. Con franqueza, los niños no suelen ser muy sutiles al exhibir estas actitudes. Cuando el niño se queja y protesta, o cuando pone cara de pocos amigos, es evidente que su actitud es mala. La amargura y el desagrado se manifiestan con frecuencia en murmullos quejumbrosos y en protestas entre dientes. Cuando los padres observan esta clase de conducta en sus hijos, deberían hacer frente a la cuestión de la actitud.

Mis propios hijos podrán dar testimonio de que fueron disciplinados más por sus actitudes que por sus acciones. Y descubrimos que cuando los padres hacen frente a las actitudes, las acciones generalmente se solucionan por sí mismas. Descubrimos que al tratar el desafío en su etapa de actitud podíamos prevenir la conducta abiertamente desafiante.

Lo que los padres deben hacer es derramar la Palabra de Dios en sus hijos para que esta ilustre su conciencia y les hable constantemente. "Porque la palabra de Dios es viva y eficaz, y más cortante que toda espada de dos filos; y penetra hasta partir el alma y el espíritu, las coyunturas y los tuétanos, y discierne los pensamientos y las intenciones del corazón" (He. 4:12). La Biblia es "útil para enseñar, para redargüir, para corregir, para instruir en justicia" (2 Ti. 3:16). Y si el corazón del niño está saturado con la Biblia, la misma conciencia del niño le reprenderá frecuentemente por sus malas actitudes.

La conciencia es un sistema de advertencia del que Dios nos ha dotado.[2] Es como un timbre o una luz roja destellante que nos advierte cuando algo va mal. La conciencia reacciona ante cualquier valor moral que la mente haya abrazado. Dios en su gracia dota a cada niño con un cierto sentido del bien y del mal. A esto es a lo que se refirió el apóstol Pablo en Romanos 2:14-15 cuando señaló que incluso los gentiles tienen la ley de Dios escrita en sus corazones, y que la conciencia de ellos da testimonio de la misma: "Porque cuando los gentiles que no tienen ley, hacen por naturaleza lo que es de la ley, estos, aunque no tengan ley, son ley para sí mismos, mostrando la obra de la ley escrita en sus corazones, dando testimonio su conciencia, y acusándoles o defendiéndoles sus razonamientos". En otras palabras, todo el mundo nace con algún conocimiento innato del bien y del mal. Hasta cierto grado, "lo que de Dios se conoce les es manifiesto" (Ro. 1:19).

Pero dejadas a sí mismas, las personas generalmente suprimirán esta ley de Dios escrita en sus corazones. Comienzan con un entendimiento del bien y del mal; pero simplemente, aman el mal. No quieren tener en cuenta a Dios (v. 28). Y por ello intentan, por todos los medios la racionalización, negación, o sus propias malvadas imaginaciones, apagar este conocimiento procedente de Dios e informar sus conciencias con valores más de su gusto.

La cultura secular tiene también un efecto negativo, uniendo sus fuerzas con una malvada imaginación para subvertir la ley de Dios en el corazón y para reconstruir el código moral que impulsa la conciencia.

Los padres pueden combatir esta tendencia ayudando a llenar la mente del niño con las Escrituras. Memorización, estudio bíblico en familia, y la conversación diaria, todo ello son oportunidades para inculcar la verdad bíblica en el pensamiento del niño. Esto, de nuevo, es lo que Deuteronomio 6:7 ordena a los padres que hagan: "Y [estas palabras] las repetirás a tus hijos, y hablarás de ellas estando en tu casa, y andando por el camino, y al acostarte, y cuando te levantes".

Y una mente y una conciencia impulsadas por la Palabra de Dios vienen a ser una fuente de actitudes correctas.

En muchas formas, la actitud de la obediencia es mucho más vital que el acto, porque si la actitud es correcta, el acto seguirá por naturaleza. Pero la acción correcta con la actitud incorrecta no es otra cosa que hipocresía. El hijo culpable de esta hipocresía no está honrando a sus padres.

Hemos observado antes que la palabra griega traducida "honrar" habla de una estima que llega a la reverencia. Los hijos deben venerar a sus padres; esto es, admirarlos de tal manera y con tanto respeto que los contemplen con un sentimiento de maravilla.

Pero la palabra "honrar" puede también significar alguna otra cosa. En 1 Timoteo 5:17, el apóstol Pablo usa la misma palabra griega para "honrar": "Los ancianos que gobiernan bien, sean tenidos por dignos de doble honor, mayormente los que trabajan en predicar y enseñar". Aquí se está hablando de apoyo financiero. Los ancianos que gobiernan bien son dignos de doble paga. El versículo 18 hace inequívoco este significado: "Pues la Biblia dice: No pondrás bozal al buey que trilla; y: Digno es el obrero de su salario".

Honrar los padres es primero de todo una actitud, pero la verdadera honra involucra también la buena disposición a cuidar de ellos cuando tengan necesidades. Nuestros padres nos dieron todo lo que necesitábamos durante las dos primeras décadas de nuestras vidas. Finalmente, llega el tiempo en la mayor parte de las familias en que los hijos deben ayudar a sostener a sus padres.

Esta es precisamente la cuestión que Jesús planteó a los fariseos en Mateo 15:4-8: "Porque Dios mandó diciendo: Honra a tu padre y a tu madre; y: El que maldiga al padre o a la madre, muera irremisiblemente. Pero vosotros decís: Cualquiera que diga a su padre o a su madre: Es mi ofrenda a Dios todo aquello con que pudiera ayudarte, ya no ha de honrar a su padre o a su madre. Así habéis invalidado el mandamiento de Dios por vuestra tradición. Hipócritas, bien profetizó de vosotros Isaías, cuando dijo: Este pueblo de labios me honra; mas su corazón está lejos de mí".

Observemos que en el trasfondo de este rechazo a proveer a las necesidades de sus padres había una actitud hipócrita, y ahí es adonde Jesús dirigió su reprensión.

Los hijos cuyas *actitudes* sean correctas, que de su corazón dan honra a sus padres, retendrán este profundo respeto y amor hacia sus padres de por vida. Yo abrigo el pensamiento de que si algún día mis padres llegan a un punto en la vida en que tengan necesidades que yo pueda suplir, podré en alguna medida devolver algo de los amantes cuidados que me mostraron cuando yo estaba creciendo. Esto forma parte de la honra que se les debe dar. Esta es la manera en que Dios dispuso que fuese la familia.

Pero todo pende de la actitud correcta. Y ¡ay del padre que se centra en las acciones del hijo, pero que deja de tratar con la actitud!

RECIBIENDO PROVECHO DE LA PROMESA

Examinemos la promesa que acompaña al Quinto Mandamiento: "Para que te vaya bien, y seas de larga vida sobre la tierra" (Ef. 6:3). Una vez más, este es el único de los Diez Mandamientos que va acompañado de una promesa de bendición para los que obedecen. Este mandamiento, por cuanto es la clave de todas las relaciones humanas, es tan vital que el mismo Dios lo destacó mediante la inclusión de una promesa.

Hay dos aspectos en esta promesa: "Para que te vaya bien". Esto promete *calidad* de vida. "Y seas de larga vida sobre la tierra". Esto promete *cantidad* de vida. Los que honran a sus padres tienden a vivir vidas más plenas y dilatadas que los que se crían rebeldes.

Algunos confinarían la promesa al Israel del Antiguo Testamento, debido a que como la nación terrenal de la que Dios iba a suscitar la línea familiar del Mesías, eran destinatarios de muchas promesas terrenales, físicas, que no son de aplicación literal a los cristianos (p. ej., Gn. 13:15; Ez. 37:21-28). Pero el apóstol Pablo cita *esta* promesa como aplicable también a los creyentes del Nuevo Testamento.

¿Es acaso esta promesa una garantía incondicional? ¿Significa que la recompensa por someterse a los padres es *siempre* una vida larga y rica? No. Algunos que obedecen y honran a sus padres mueren jóvenes. Pero dejando a un lado todas las excepciones a la regla, es desde luego verdad que la obediencia da como resultado una vida más dilatada y armoniosa, y que una actitud desafiante siempre es causa de desgracia, y que a menudo es causa de una muerte prematura.

En otras palabras, la sujeción a los padres está en los mejores intereses del niño. No es solo *justo* a los ojos de Dios (Ef. 6:1), sino que es también lo mejor para el niño. La obediencia preservará al hijo de todo un mundo de males. Una actitud correcta de sujeción y respeto le salvará de una vida de amargura, ira y resentimiento. Por lo general le prolongará la vida, y desde luego hará que los años de su vida sean más plenos y ricos.

SEIS

☙ ❧

La disciplina y amonestación del Señor

Y vosotros, padres, no provoquéis a ira a vuestros hijos,
sino criadlos en disciplina y amonestación del Señor.
—EFESIOS 6:4

El deber de los hijos en el hogar es obedecer. El reverso es el deber de *los padres:* enseñarles esta obediencia en un ambiente de piadosa disciplina, sin exasperarlos en ello.

Se trata de una tarea exigente. Esto no viene por naturaleza a los padres, como tampoco la obediencia viene por naturaleza para los niños.

Hemos hablado mucho acerca del efecto de la depravación humana en el niño. Pero recordemos que también los padres son depravados. Nuestra propia inclinación es al pecado, lo mismo que en el caso del niño. Los padres *cristianos* tienen una enorme ventaja, porque como personas redimidas tienen corazones regenerados. Tienen deseos piadosos y apetitos rectos. A diferencia de las personas no regeneradas, son capaces de amar verdaderamente a Dios, y, de hecho, el amor a Dios es la pasión impulsora que distingue al verdadero cristiano (Ro. 8:28; 1 Jn. 5:2).

Sin embargo, hasta los padres cristianos se debaten con los restos de los apetitos carnales y de los hábitos impíos. Lo mismo que el apóstol Pablo, a menudo nos descubrimos haciendo aquellas cosas que aborrecemos (Ro. 7:15-24). Somos demasiado susceptibles a una conducta carnal y pecaminosa, y esto tiene su efecto inevitable en la crianza de nuestros hijos.

Como hemos observado en el capítulo anterior, Dios ha dado a los padres autoridad sobre sus hijos, y ha mandado a los hijos que obedezcan a sus padres "en todo" (Col. 3:20). Pero esto no significa que los padres estén automáticamente siempre en lo cierto. Hay ocasiones en que los padres permiten que sus propias actitudes y acciones pecaminosas salgan a la superficie en su acción paterna. Cuando hacemos esto, exasperamos al hijo. Y Dios advierte solemnemente a los padres a que no permitan que esto suceda.

"Y vosotros, padres, no provoquéis a ira a vuestros hijos, sino criadlos en disciplina y amonestación del Señor" (Ef. 6:4). El mismo mandamiento tiene su eco en Colosenses 3:21: "Padres, no exasperéis a vuestros hijos, para que no se desalienten".

Nuestra primera impresión, al leer esto en traducción, es que se dirige a los padres en particular, quizá porque son cabezas de familia, o quizá porque los padres tienen una mayor tendencia que las madres a exasperar a los hijos. Pero un examen más estrecho revela que este mandamiento no se dirige necesariamente a los padres. La palabra traducida "padres" en Efesios 6:4 es *patera,* que *se puede* referir a los padres en particular, pero que se emplea con frecuencia para referirse a padre y madre. Hebreos 11:23, por ejemplo, dice: "Por la fe Moisés, cuando nació, fue escondido por sus *[patera]* por tres meses". Aquí la palabra se refiere claramente a ambos padre y madre. Estoy convencido de que Efesios 6:4 emplea *patera* de una manera similar, abarcando tanto al padre como a la madre. Desde luego, el *principio* en este versículo es de aplicación por igual a ambos, padre y madre. Y las *responsabilidades* de la disciplina, instrucción y amonestación pertenecen claramente tanto a las madres como a los padres. De modo que este mandamiento se aplica a ambos *padre y madre,* no meramente al *padre.*

En tiempos de Pablo, Efesios 6:4 se enfrentaba de una manera directa a todo el orden social. Las familias eran presididas por el padre (no por padre y madre), y los padres podían hacer lo que mejor les pareciera dentro del contexto de sus familias, sin represión social. Ningún padre romano sentía jamás el deber de evitar provocar a sus hijos a ira. La responsabilidad pertenecía solo a los hijos, que no provocasen a ira a su *padre,* y, si lo hacían, las consecuencias podían ser severas.

Roma tenía una ley, llamada *patria potestas* ("la patria potestad", o *potestad paterna*). Este principio otorgaba a los hombres con ciudadanía romana unos derechos absolutos de propiedad sobre sus propias familias. Los hijos, la esposa e incluso los esclavos eran considerados como objetos de propiedad absoluta del patriarca, y él podía hacer con ellos como mejor le pareciera. Por ley, tenía la autoridad absoluta para adjudicar todas las cuestiones familiares, o disponer de los *miembros* de la familia.

Así, de manera efectiva, la *patria potestas* daba también al patriarca una potestad absoluta sobre todas las áreas de las vidas de sus hijos. Los padres disponían los matrimonios de sus hijos. También podía forzarlos a divorciarse. Un padre disgustado podía repudiar a sus hijos, venderlos como esclavos, e incluso matarlos si quería: todo ello sin recurrir a ningún tribunal.

Cuando nacía un hijo, el niño era puesto entre los pies del padre. Si el padre recogía al niño, el niño se quedaba en el hogar. Si el padre se volvía y se iba, el niño era o bien dejado morir, o llevado al foro y vendido en subasta. La mayoría de los niños así vendidos eran criados para la prostitución o la esclavitud.

Un romano llamado Hilario escribió la siguiente carta a su esposa, Alis, en algún momento del primer siglo antes de Cristo: "Mis más cordiales saludos. Sabe que estamos todavía en Alejandría. No te preocupes si cuando los demás regresan, yo permanezco en Alejandría. Te ruego y suplico que cuides del pequeño, y tan pronto como reciba mis dineros, te los enviaré. Si, buena suerte para ti, tienes otro niño, si es varón, que viva; si es niña, exponla [tírala]".[1]

Séneca, coetáneo del apóstol Pablo, describía la práctica romana respecto a los animales no deseados: "Matamos un buey fiero; estrangulamos un perro enloquecido; hundimos un cuchillo en una vaca enferma. A los niños nacidos débiles o deformes los ahogamos". Así era la actitud de la sociedad para con los niños en tiempos de Pablo.

En nuestra cultura, las cosas francamente no van mejor, y puede que lleguen a empeorar. Millones de bebés no deseados son abortados cada año. Y las estadísticas nos dicen que la mayoría de niños en régimen de acogida en América no están allí porque sean huérfanos o porque sus familias no puedan mantenerlos. La mayoría están allí sencillamente porque sus padres no los quieren. Los hijos han llegado a ser en nuestra sociedad un bien del que se puede disponer, lo mismo que en la antigua Roma.

La Biblia llama a los padres cristianos a una norma distinta. En los tiempos de Pablo vino a ser una norma revolucionaria, y sigue estando enfrentada a los valores de la sociedad de nuestros días. La Biblia no da a los padres un poder dictatorial sobre sus hijos. En lugar de ello, la Biblia se dirige a los padres como administradores del Señor, responsables para dar un medio de crianza apropiado para los hijos, a los que Dios en gracia ha confiado a los cuidados de ellos. Lo mismo que todos los administradores, los padres darán cuenta, en último término, acerca de cómo han cumplido con sus deberes. Y las normas primordiales por las que nuestra paternidad será juzgada son las que Pablo establece en Efesios 6:4.

¿Cuáles son los deberes específicos que el apóstol Pablo bosqueja en este crucial versículo? Yo veo los tres que siguen.

NO LOS PROVOQUES A IRA

"Vosotros, padres, no provoquéis a ira a vuestros hijos", escribe Pablo. Esta es una advertencia, un aviso que tiene el designio de poner en guardia a los padres en contra de excitar la ira de sus hijos, sea deliberadamente, sea por provocaciones descuidadas pero innecesarias.

Hay ocasiones, ciertamente, en que los hijos se airan pecaminosamente contra sus padres sin una provocación. El propio egoísmo del niño, su inmadurez o malas actitudes que abriga pueden ser la causa de la ira. En tales casos, es el niño quien peca.

Pero hay otras ocasiones en que los padres son culpables de provocar la ira de sus hijos al irritarlos irreflexivamente, al excitarlos deliberadamente, al descuidarlos con una actitud insensible, o al exasperarlos por cualquier otro medio intencional o por negligencia. Cuando esto sucede, son los padres los que están pecando, y además provocando al hijo a pecar.

Recuerda que nuestros hijos tienen ordenado por Dios que nos honren. Por ello, cuando los padres provocan a ira a sus propios hijos, los están impulsando a pecar contra el Quinto Mandamiento. En tales casos, los padres no solo se hacen culpables ante Dios por desobedecer Efesios 6:4, sino que él o ella se hacen doblemente culpables por poner tropiezo ante el niño. Es un pecado sumamente destructivo.

Los padres cristianos que excitan a su hijo a la ira, o que dejan de darles la disciplina y amonestación del Señor, se pierden todos los beneficios de una familia distintivamente cristiana. Prácticamente, no hay un ambiente más poco sano para un niño que una familia nominalmente cristiana donde los padres invocan el nombre del Señor pero descuidan proveer una apropiada y amante disciplina y amonestación. Muchos hijos de estas familias "cristianas" acaban más enfrentados a las cosas del Señor que aquellos que han crecido en medios totalmente paganos. Los padres cristianos que descuidan Efesios 6:4 cosecharán lo que han sembrado: dolor y tristeza iguales o mayores a los de las familias del mundo.

La palabra griega traducida "provocar" es *parorgizø*, que significa "airar" o "encolerizar". Podría describir una rebelión abierta, desatada; o podría referirse a una irritación bulliendo en el interior, secreta. Ambas clases de ira se ven comúnmente en hijos cuyos padres los han provocado.

¿Cómo exasperan los padres a sus hijos? Hay muchas maneras de hacerlo. Aquí cito algunas de las más comunes:

Exceso de protección

Puedes exasperar a tus hijos encerrándolos demasiado. Ahogándolos. No confiando nunca en ellos. Suponiendo siempre que no te dicen la verdad. Nunca dándoles la oportunidad de actuar con independencia, haciéndolos sentir ahogados y aplastados.

Este es un peligro concreto en el mundo actual. Los padres ciertamente tienen necesidad de proteger a sus hijos, especialmente en un medio con tantos peligros. Cuando era niño, yo podía circular libremente por mi barrio. Podía tomar mi bicicleta y circular con una relativa seguridad. Desafortunadamente, el mundo hoy es mucho más peligroso que cuando yo era un niño, y muchos padres viven en barrios donde sencillamente no pueden dar tanta libertad a sus hijos.

Pero el exceso de protección también es un peligro. ¿Recuerdas a Labán en el Antiguo Testamento? Era un padre excesivamente protector y dominante. Trató fraudulentamente con Jacob para que se casase con Lea, la hija mayor de Labán, aunque Jacob amaba a Raquel, la menor. Labán permitió luego a Jacob que se casase también con Raquel, a cambio de la promesa de que Jacob se quedaría y trabajaría para Labán durante siete años (Gn. 29:26). Cuando llegó el tiempo para que Jacob pudiera irse, Labán les rogó que se quedasen (30:25-27). Su actitud paterna excesivamente protectora, y su posterior intromisión en el matrimonio de su yerno, les costó a sus hijas tener un matrimonio nada feliz.

Cosa irónica, a pesar de la intromisión por excesiva protección en los asuntos de sus hijas, la valoración de las hijas fue que su padre no tenía una verdadera solicitud hacia ellas, que las consideraba como unas extrañas y que había devorado la herencia que de derecho les pertenecía (31:14-17). Aquello que él sin duda consideraba como una expresión de apego paterno ellas lo percibieron como evidencia de que en realidad no las amaba.

Los padres que ahogan a sus hijos con una excesiva protección a menudo se convencen a sí mismos de que están protegiendo los mejores intereses de su hijo. Pero esta es una manera segura de provocar a un hijo a ira. La excesiva protección comunica una falta de confianza en el hijo. Los hijos excesivamente protegidos por sus padres comienzan a desesperar de conseguir nunca la confianza de los padres. Pueden incluso llegar a concluir que no importa la manera en que se conduzcan. Normas y restricciones sin privilegios llegan a transformarse en una cárcel sofocante. Muchos que no pueden soportar un confinamiento así terminan rebelándose.

Los hijos necesitan un cierto grado de libertad e independencia a fin de crecer, aprender y cometer sus propios errores. Nunca aprenderán a hacer frente a las responsabilidades a no ser que reciban un cierto grado de libertad. Las madres que atan a sus hijos a su delantal están sencillamente potenciando el resentimiento. Y los padres que rehúsan dar a sus hijos espacio para respirar exasperarán a sus hijos exactamente de la forma en que Efesios 6:4 prohíbe.

Una excesiva indulgencia

El reverso de la excesiva protección es la permisividad excesiva. Unos padres excesivamente permisivos, unos padres que miman a sus hijos, pueden llegar a exasperar tan de cierto a sus hijos como aquellos que los ahogan.

Los estudios demuestran que los hijos a los que se les da excesiva libertad comienzan a sentirse inseguros y no amados. ¿Y por qué no? La Biblia lo dice con claridad: "El que detiene el castigo, a su hijo aborrece" (Pr. 13:24). Los padres que miman o apoyan a sus hijos que se comportan mal están en realidad comportándose hacia ellos con falta de amor. ¿Es para asombrarse acaso que los hijos se den cuenta de esto y se exasperen?

Nuestra sociedad ha fomentado unas actitudes crecientemente permisivas hacia los hijos durante muchos años. Ahora estamos recogiendo la cosecha de toda una generación de jóvenes encolerizados.

Favoritismo

Una tercera manera que con toda certeza provocará a ira a nuestros hijos es mostrar favoritismo hacia alguno de ellos. Isaac favorecía a Esaú por encima de Jacob, y Rebeca prefería a Jacob por encima de Esaú (Gn. 25:28). ¿Recuerdas los dolorosos resultados en aquella familia? Esaú y Jacob se convirtieron en acerbos rivales. Jacob empleó constantemente trampas y engaños para intentar eclipsar a su hermano y conseguir la bendición de su padre. Sedujo a Esaú a que le vendiera su derecho de primogenitura, y al final engañó a Isaac, con ayuda de Rebeca, para que diese a Jacob la bendición que Isaac quería dar a Esaú. La tensión resultante partió literalmente la familia en dos, y Jacob tuvo que huir de su hermano para salvar la vida (Gn. 27).

Sin embargo, la tendencia al favoritismo se derramó también a la siguiente generación. El hijo más amado de Jacob fue José, a quien favoreció con una túnica multicolor. Esto provocó tantos celos en los otros hermanos, que conspiraron para dar muerte a José. En lugar de ello, acabaron vendiéndolo como esclavo. Y así quedó desgarrada otra generación de aquella familia. Aunque Dios lo usó todo en último término para bien, el favoritismo mismo, y todos los celos que ello provocó, fueron cosas totalmente malas, y produjeron muchos malos frutos.

No cometas el error del favoritismo con tus hijos. No des regalos y privilegios a uno que niegues a otro. Ni siquiera compares unos hijos con otros. No digas cosas como: "¿Por qué no puedes ser como tu hermano?" No emplees las virtudes o los talentos de un hijo como la norma frente a la que medir los logros de otro. No hay nada más humillante para un niño que ser humillado o rebajado por una nada bondadosa comparación con un hermano o con un compañero de clase.

¿Quieres realmente destruir a un niño pequeño? Hazle sentir inferior a todos los demás de la familia. Preséntalo como la oveja negra de la familia. Lo cargarás con un terrible sentimiento de frustración, y en el proceso lo provocarás a ira.

Metas irrealizables

Muchos padres provocan a sus hijos a ira impidiéndoles constantemente a alcanzar metas. Presiona a tu hijo a que llegue a metas que tú nunca alcanzaste, y lo destruirás.

Es cierto que es responsabilidad de cada padre alentar e impulsar a sus hijos a más altas metas. En 1 Tesalonicenses 2:11, el apóstol Pablo recordaba a los Tesalonicenses su interés paterno en ellos: "También sabéis de qué modo, como el padre a sus hijos, exhortábamos y consolábamos a cada uno de vosotros, y os encargábamos..." Las exhortaciones y los encargos tienen desde luego su lugar, pero observemos que ello debe ir equilibrado con una amante consolación. Los padres que solo empujan a sus hijos a más altas metas, sin consolarlos en medio de sus fracasos, están irritando a sus hijos y provocando resentimiento.

Empuja a tus hijos a metas no realistas o irrealizables y robarás a tus hijos de todo sentimiento de éxito. Cuando mis hijos eran jóvenes y jugaban en competiciones deportivas, parecía que cada equipo en que jugaban tenía al menos un padre que había intimidado tanto a su hijo que el muchacho vivía en el temor del fracaso y, por ello, no jugaba al máximo de su potencial. He conocido a muchos padres que mantenían una presión implacable sobre sus hijos para que consiguieran notas más altas. Muchos de estos padres están motivados por un descarnado egoísmo. Están meramente intentando alcanzar las metas no realizadas de su niñez mediante sus hijos. Es una injusticia imponer esta carga sobre ningún niño.

Una hermosa muchacha adolescente que conocí fue literalmente enloquecida por la presión de sus padres. La visité en un cuarto de hospital donde yacía en estado catatónico, inmóvil excepto por un temblor constante. Había sido una estudiante excelente, animadora y reina de su curso. Pero esto nunca había sido suficiente para sus padres. Su madre, en particular, mantenía sobre ella una presión constante para que consiguiera más, tuviera mejor apariencia, y actuase de manera diferente. Todo lo que hacía daba pie a su madre para decirle cómo lo podría haber hecho mejor. Y bajo tanta presión, finalmente se quebró. Después de varias semanas de reposo y de tratamiento clínico, se recuperó hasta el punto que ya no necesitaba estar ingresada. Finalmente, fue dada de alta. De vuelta a la olla de presión en que su madre había transformado su vida de hogar. Poco tiempo después se suicidó. ¿Por qué? Esto me dijo ella antes de su final derrumbamiento: "No importa qué haga yo, nunca satisfago a mi madre". Créeme, esta joven había logrado cosas mucho más allá de la potencialidad de su madre, pero la madre estaba tratando de vivir sus propias fantasías a través de aquella hija. ¡Qué tragedia! Exasperó a su hija llevándola a una ira autodestructiva.

Desaliento

De un modo similar, puedes provocar a ira a tu hijo desalentándolo. Recuerda el versículo paralelo en Colosenses 3:21, que dice: "Padres, no exasperéis a vuestros hijos, *para que no se desalienten*" (cursivas añadidas). Todo el énfasis del mandamiento recae en evitar el desaliento.

Los padres provocan a ira a sus hijos cuando los critican constantemente pero nunca los recompensan, nunca los elogian por sus logros, nunca les permiten gozar de sus propios éxitos. Un hijo que piensa que nunca puede conseguir la aprobación de sus padres pronto abandonará el intento de lograrla. Puede que no haya un modo más rápido de provocar a tus hijos a ira que el hecho de estar constantemente desalentándolos.

Esto es cosa fácil. Céntrate siempre en lo que hacen mal, y nunca te des cuenta de lo que hacen bien. Date siempre cuenta de sus faltas, pero nunca digas nada acerca de sus cualidades positivas. Ignora sus dotes y talentos naturales y ríñelos por lo que no hacen bien. Muéstrate constantemente suspicaz acerca de ellos.

Yo tenía una regla simple para criar a mis hijos: Por cada vez que tenía que señalarles algo que estaba mal, trataba de equilibrarlo poco después señalando algo que hubiesen hecho bien. No era siempre fácil. ("Me gusta la forma en que has arreglado el cajón".) Pero un padre amante puede siempre encontrar *algo* como fuente de aliento. Y cada hijo responde bien al ánimo y a la aprobación.

Recuerdo cómo era de chico sentir que podía estar sentado a la mesa cien veces y *no* derramar un vaso de leche, pero nadie se daba cuenta *de eso*. Pero si vertía algo una vez, aquello no era pasado por alto. Padres, procurad que se note cuando vuestros hijos actúan bien, tanto o más que notáis que no lo hacen bien.

Haim Ginott escribió: "Un niño aprende lo que vive. Si vive con críticas no aprende responsabilidad. Aprende a condenarse a sí mismo y a criticar a los demás. Aprende a dudar de su propio criterio, a menospreciar su propia capacidad, y a menospreciar las intenciones de los demás. Y, por encima de todo, aprende a vivir con la continua expectativa de una inminente condena".[2] Cría a tus hijos así, y puedes tener la certeza de que los provocarás a ira.

Descuido

Otra forma de provocar a tus hijos a ira es mediante el descuido. Deja de mostrarles afecto. Muéstrate indiferente a ellos. No te intereses en lo que les interesa. No te preocupes por sus necesidades. Así moverás a tu hijo a ira.

El ejemplo bíblico clásico de un hijo objeto de descuido es Absalón. Aunque David no era desde luego indiferente a su hijo (2 S. 18:33), lo *trataba* con indiferencia, y Absalón creció con desprecio hacia su propio padre. Asesinó a su hermano (13:28-29). Se dedicó deliberadamente a minar la autoridad regia de David (15:1-6). Maquinó el destronamiento de David (15:10). Contaminó las esposas de su padre a la vista de todo Israel (16:22). Cuando cayó todo el peso de las consecuencias del descuido paterno de David, en último término llegó a la rebelión, a la guerra civil, y finalmente a la muerte de Absalón.

Muchos padres comunican un descuido similar al tratar a sus hijos como intrusos. Demasiados niños oyen a sus padres decir cosas como: "Nos encantaría salir con ustedes, Alberto, pero tenemos esos críos. Y no podemos conseguir a nadie que se quede a cuidarlos. Esto nos pasa siempre". Si quieres exasperar a tus hijos, hazlos sentir no deseados. Haz que sientan como si te estorban para hacer las cosas que te gustan. Actúa como si les tuvieras resentimiento, y ellos comenzarán a tenerte resentimiento.

Hice un acuerdo con mis hijos, Matt y Mark, cuando estaban creciendo. Yo iba a sus partidos, y ellos acudían a mis sermones. No los descuidé, y ellos no me descuidaban.

Tuve un amigo en el ministerio que viajaba por el país hablando a grupos juveniles. Estaba mucho en la carretera, y entre compromisos de predicación acudía al hogar solo por un día o dos. Una vez, mientras estaba en casa, oí a su hijo pequeño hablando a través de la valla con el chico vecino.

—¡Oye! —dijo el chico a su amigo—. ¿Quieres jugar pelota conmigo?

—No —respondió él—. Voy a jugar pelota con mi papá.

Entonces mi amigo oyó contestar a su pequeño:

—Ah, … mi papá no tiene tiempo para jugar conmigo. Está demasiado ocupado jugando con chicos de otros.

Mi amigo actuó con sabiduría y cambió su ministerio para poder pasar más tiempo con su hijo.

En muchas formas, el descuido es la peor forma de abuso de los niños. Nuestras calles y ciudades están llenas de niños descuidados, y prácticamente todos ellos están llenos de ira. Sus padres tienen mucha responsabilidad por ello.

Condescendencia

Provocarás a ira a tus hijos si rehúsas dejarles crecer. Si los humillas o te ríes de ellos cuando dicen cosas ingenuas o inmaduras; si constantemente les hablas con un aire de superioridad; o si los ahogas cada vez que quieren intentar algo que crees que es demasiado para su edad, nunca los alentarás a crecer, y en realidad los confirmarás en su inmadurez.

El apóstol Pablo dijo: "Cuando yo era niño, hablaba como niño, pensaba como niño, juzgaba como niño; mas cuando ya fui hombre, dejé lo que era de niño" (1 Co. 13:11). Esto pertenece al curso natural del proceso de maduración. Los padres deberían alentar a sus hijos en este curso, no apagar el entusiasmo del niño por el crecimiento. No los trates con condescendencia; aliéntalos en su crecimiento. Deja que cometan algunos errores sin verse acosados.

Cuando mi hijo Matt comenzaba a dar sus primeros pasos, echó mi reloj por la taza del inodoro. Le pregunté: "¿Por qué hiciste esto?"

Me miró con ojos solemnes: "Solo quería ver como iba a ir para abajo", me dijo.

¿Lo castigué severamente? No. *A mí también* me habría gustado ver cómo bajaba. Recuerdo cuando tenía aquella edad.

A veces los chicos dicen cosas infantiles y divertidas, y es natural que los padres disfruten del humor de esas situaciones. Pero ten cuidado en no humillar a tu hijo con ello. No te rías delante de él. No lo rebajes por su natural condición infantil. Generalmente, si has de reír, es mejor que lo hagas más tarde. Mientras, en tanto que están tanteando a través del proceso de maduración, dales aliento, soporte y confianza. Déjales que presenten sus ridículas ideas. Déjales que experimenten el pensar por sí mismos. Si no es así, los desalentarás e irritarás precisamente de la manera en que el apóstol Pablo desaconseja que lo hagan los padres.

Retirada del afecto

No emplees el afecto como un instrumento de recompensa y de castigo. Me estremezco cuando oigo decir a un padre o a una madre: "No te voy a querer si haces esto". Algunos padres actúan así inconscientemente, con una conducta que sugiere que se cuidan menos del hijo cuando desobedece. Podrían también enviar un mensaje subliminal al elogiar a sus hijos con palabras como estas: "¡Qué niñita más buena! Mamá *te quiere* cuando eres tan buena".

La Biblia dice que el amor "todo lo sufre, todo lo cree, todo lo espera, todo lo soporta. El amor nunca deja de ser" (1 Co. 13:7-8). El verdadero amor no sube y baja en base de los logros o fracasos del objeto del amor. ¿Acaso se desvanece el amor de Dios por nosotros cuando le faltamos? En absoluto. De hecho, "Dios muestra su amor para con nosotros, en que *siendo aún pecadores,* Cristo murió por nosotros" (Ro. 5:8). En otras palabras, la más grande expresión del amor de Dios hacia nosotros fue que Él sacrificó a su amado Hijo para expiar nuestros pecados y reconciliarnos consigo mismo, mientras nosotros estábamos aún en un estado de total enemistad contra Él (v. 10).

Los padres deben ejemplificar la misma clase de amor por sus hijos. Las amenazas de retirarles nuestro amor cuando se comportan mal sirve para minar el amor mismo, y provocan a ira a nuestros hijos.

Una disciplina excesiva

Demasiado castigo es otra forma de garantizar que provocamos a nuestros hijos a ira. Algunos padres parecen ser de la opinión de que si la disciplina es cosa buena para el hijo, una gran cantidad de disciplina será *realmente* buena para ellos. Están siempre acosando a sus hijos, blandiendo la amenaza del castigo corporal sobre sus cabezas como una implacable espada de Damocles.

Esta conducta no es realmente otra cosa que brutalidad. El padre que se impone, que emplea su superior fuerza, tanto si es en forma física como verbal, puede ser devastador para el espíritu del niño. Esto es fácil para los adultos, porque son física, intelectual y verbalmente mucho más capaces que un niño. Pero los padres que tratan así a sus hijos cosecharán el vendaval cuando los chicos lleguen a su adolescencia media. Los chicos que han sido hostigados crecerán ellos mismos con una veta dañina, su ira provocada por la falta de bondad de sus propios padres.

Me asombra la facilidad con la que algunos padres usan palabras hirientes al reprender a sus hijos. Dicen cosas a sus hijos que nunca dirían a ninguna otra persona; cosas que aplastarían el corazón de cualquier niño sensible, y que provocarían a *cualquier* hijo a ira.

La Biblia nos dice que Dios siempre disciplina a sus hijos con amor (He. 12:5-7). El escritor de Hebreos parece reconocer que los padres humanos son demasiado susceptibles a disciplinar a sus hijos de manera caprichosa o inconsecuente: "Por otra parte, tuvimos a nuestros padres terrenales que nos disciplinaban, y los venerábamos. ¿Por qué no obedeceremos mucho mejor al Padre de los espíritus, y viviremos? Y aquéllos, ciertamente por pocos días nos disciplinaban como a ellos les parecía, pero este para lo que nos es provechoso, para que participemos de su santidad" (vv. 9-10).

Desafortunadamente, los padres humanos tenemos a veces la tendencia a disciplinar a nuestros hijos de manera egoísta o impulsiva, pero la disciplina de Dios es siempre para nuestro bien. Los padres cristianos deberían esforzarse por hacer que el interés del hijo mismo sea la meta de toda disciplina. Si hacemos esto, minimizaremos el riesgo de perturbarlos y exasperarlos de manera innecesaria.

Así, aquí tenemos el aspecto negativo de las instrucciones de Pablo a los padres: No exasperéis a vuestros hijos. ¿Y qué del lado positivo? "Criadlos en la disciplina y amonestación del Señor" (Ef. 6:4). Observemos los dos aspectos: disciplina y amonestación. Examinaremos primero el aspecto de la disciplina.

DALES LA INSTRUCCIÓN CORRECTA

La palabra griega traducida "disciplina" es *paideia,* de la palabra griega para "niño", *pais. Paideia* significa "tutoría, instrucción, educación". Esta misma palabra se emplea una vez en 2 Timoteo 3:16, donde se traduce "instruir", y cuatro veces en Hebreos 12:5-11, donde se traduce "disciplina". De modo que los conceptos de disciplina e instrucción positiva son inherentes en la palabra *paideia*. Muchas personas piensan automáticamente en términos de castigo corporal cuando se saca la palabra "disciplina" a colación. Y desde luego el castigo corporal queda incluido entre lo que se significa por *paideia*. Dejaremos este tema de momento, sin embargo, para retomarlo en nuestra discusión de la palabra "amonestación" más adelante.

Mientras, hay mucho más que castigo corporal en el sentido de la palabra *paideia*. Es un término de gran alcance que describe todos los aspectos de la instrucción del niño: guía, instrucción, y disciplina tanto positiva como negativa. La versión inglesa del rey Jacobo traduce esta palabra en Efesios 6:4 como *nurture*, esto es, "crianza". Me gusta esta traducción. Creo que capta la intención de la amante instrucción y del cuidado solícito que Pablo demanda en este versículo.

Observemos la palabra "criadlos". Debemos *criar* a nuestros hijos. Ellos no lo harán por sí mismos. Este ha sido uno de los temas constantes de este libro. Los padres deben tomar un papel activo en conformar los caracteres de sus hijos. Proverbios 29:15, V.M., dice: "El muchacho dejado [al gobierno de] sí mismo, avergüenza a su madre". De nuevo, lo que lleva a la mayoría de los hijos a la ruina no es lo que sus padres *les hacen,* sino lo que *no hacen por ellos.*

La verdadera clave para el reto de criar correctamente a nuestros hijos es crear un medio de crianza y de amante instrucción en el que sus corazones lleguen a ser un terreno fértil para la verdad de Dios. Es el *corazón* del niño lo que los padres han de nutrir.

Proverbios 4:23 dice: "Sobre toda cosa guardada, guarda tu corazón; porque de él mana la vida". Todas las cuestiones de la vida proceden del corazón. Jesús dijo: "Porque de dentro, del corazón del hombre, salen los malos pensamientos, los adulterios, las fornicaciones, los homicidios, los hurtos, las avaricias, las maldades, el engaño, la lascivia, la envidia, la maledicencia, la soberbia, la insensatez. Todas estas maldades de dentro salen, y contaminan al hombre" (Mr. 7:21-23). En Lucas 6:45 se registra un dicho similar: "El hombre bueno, del buen tesoro de su corazón saca lo bueno; y el hombre malo, del mal tesoro de su corazón saca lo malo; porque de la abundancia del corazón habla la boca". Aquello que llena tu corazón determinará lo que diga tu boca.

Los padres deben darse cuenta de esto y alimentar el corazón del niño. La depravación del niño es un problema de corazón. Cuando tratamos con la mala conducta, no se trata primordialmente de una cuestión conductista. Más bien, la mala conducta es un reflejo de la condición caída del corazón del niño.

De hecho, los padres deberían tener esto muy claro: la conducta *no* es la cuestión crucial. Un cambio de conducta no servirá para arreglar el problema de raíz del niño. Como hemos destacado repetidas veces, un cambio de conducta sin un cambio de corazón no es nada sino hipocresía.

¿Cómo pueden los padres nutrir el corazón del niño? Para comenzar, los padres deben ayudar a comprender a sus niños que tienen un corazón pecaminoso. Los hijos mismos deben saber que todas sus malas palabras, sus malos pensamientos y malas acciones proceden de corazones manchados por el pecado, y que el único remedio para esto es el evangelio (véase el capítulo tres). En otras palabras, mantén siempre la atención de ellos en las necesidades de sus corazones (y la atención de los padres), para que tus hijos nunca pierdan de vista esta realidad: No solo la mayor necesidad es la regeneración; es también tu mayor prioridad como padre. Ted Tripp ha escrito un maravilloso libro para padres titulado *Shepherding a Child's Heart*,[3] en el que da útiles consejos acerca de cómo mantener el enfoque apropiado en nuestra crianza de los hijos. Sugiere él que el corazón del niño es el más pequeño campo de batalla del mundo, y que su conquista demanda una guerra total cuerpo a cuerpo.[4]

Y tiene razón. El corazón de tu hijo es un campo de batalla en el que se libra el conflicto entre el pecado y la justicia. El *mayor* problema de tu hijo no es la falta de madurez. No es una falta de experiencia ni una falta de comprensión. Es un corazón malo. Aquellas otras cosas exacerbarán el problema del corazón. Pero los remedios para la inmadurez, la ignorancia y la inexperiencia no sirven de cura para el principal problema. Tu hijo no vencerá su propia depravación *madurando*.

Como padres, debemos apuntar a los corazones de nuestros hijos. No podemos limitarnos a apuntar a su conducta, o nuestra acción paterna será somera y superficial, y criaremos a nuestros hijos de una manera espiritualmente superficial.

El objetivo de los padres no es el control de la conducta. No es meramente la producción de un niño con buen comportamiento. No es enseñar a nuestros niños una conducta socialmente aceptable. No es volverlos corteses y respetuosos. No es hacerlos obedientes. No es llevarlos a alcanzar logros para que les demos nuestra aprobación. No es conformarlos a una norma moral. No es darnos a nosotros mismos, como padres, algo de lo que enorgullecernos.

El objetivo último y el enfoque apropiado de la acción paterna es redentiva. Los padres tienen la responsabilidad de llevar sus hijos a Cristo. Como ya hemos señalado antes, los padres no pueden *garantizar* la conversión de sus hijos. Los padres no pueden obtener la salvación para sus hijos. Pero desde el momento en que los niños nacen hasta que hay fruto que indique que han nacido de nuevo, los padres están en el papel de evangelistas, señalando y apremiando a sus hijos a Cristo, el único que puede remediar los problemas del corazón que les llevan a amar la injusticia.

Cualquier objetivo inferior a este es meramente modificación de la conducta. Francamente, los hijos de los no cristianos pueden ser conformados a una norma moral externa. Todos los niños pueden aprender a obedecer a sus padres. Sabemos por todo lo que hemos estudiado hasta ahora que enseñar esas cosas constituye una *parte* vital del deber de los padres. *Pero esas cosas no deben confundirse con el objetivo principal.*

No te limites a enseñar a tus hijos un autodominio externo; instrúyelos a comprender la tentación y a resistirla. No te limites a enseñarles maneras; enséñales por qué el orgullo es pecado y por qué la codicia, los deseos desordenados, el egoísmo y la codicia deshonran a Dios. Castígalos por transgresiones externas, pero enséñales que la cuestión *de raíz* es siempre un problema más profundo: la corrupción en sus corazones. Cuando los corrijas, no lo hagas meramente para darte satisfacción a ti mismo como padre ofendido, irritado y frustrado. Esto es ira, es venganza. Al contrario, cuando los corrijas, ayúdalos a ver que ante todo es *Dios* quien ha sido ofendido, y que Él ofrece la reconciliación por medio de Jesucristo (2 Co. 5:20).

Como hemos insistido una y otra vez, esto involucra enseñarles todo el consejo de Dios. Involucra "enseñanza… represión… corrección… instrucción en justicia" (2 Ti. 3:16, V.M.). Pero su énfasis apropiado recae, primero de todo, en la redención. No hemos conseguido mucho si sencillamente enseñamos a hijos no regenerados a ajustarse a una norma de conducta. Como Ted Tripp escribe: "Un cambio de conducta que no procede de un cambio en el corazón no es recomendable: es *condenable*".[5]

Un pasaje al que seguimos volviendo es Deuteronomio 6:6-7: "Y estas palabras que yo te mando hoy, estarán sobre tu corazón; y las repetirás a tus hijos, y hablarás de ellas estando en tu casa, y andando por el camino, y al acostarte, y cuando te levantes". Este pasaje define la responsabilidad de los padres en la crianza de sus hijos. Observa que el énfasis apropiado comienza con el corazón *de los padres*: "Estas palabras... estarán sobre *tu corazón*". Los padres con corazones fríos y vacíos de la Palabra de Dios no pueden pastorear bien los corazones de sus propios hijos.

Ahora observemos cuán hermosamente establece el contexto de este mandamiento toda la agenda de los padres, comenzando con las bien conocidas palabras del versículo cuatro: "Oye, Israel: Jehová nuestro Dios, Jehová uno es". Esta es la primera tarea del padre y de la madre: *Enseña a tus hijos acerca de Dios*.

El versículo cinco es también un mandamiento bien conocido. Jesús lo designó como el primer y más grande mandamiento: "Amarás a Jehová tu Dios de todo tu corazón, y de toda tu alma, y con todas tus fuerzas". Esta es la segunda etapa de la instrucción paterna: *Enséñales a amar a Dios*.

La etapa tres es una secuela: *Enséñales a obedecer de corazón a Dios.* "Y estas palabras que yo te mando hoy, estarán sobre tu corazón; y las repetirás a tus hijos" (vv. 6-7). Las "palabras" a las que se hace referencia son las palabras inspiradas de Dios y de la ley en particular. La ineludible implicación es que debemos enseñar a nuestros hijos acerca de la obediencia de corazón a Dios.

En cuarto lugar, *enséñales a seguir tu ejemplo*. "Y las repetirás a tus hijos, y hablarás de ellas estando en tu casa, y andando por el camino, y al acostarte, y cuando te levantes. Y las atarás como una señal en tu mano, y estarán como frontales entre tus ojos" (vv. 7-8). En otras palabras, muestra a tus hijos que la Palabra del Dios viviente está siempre en la punta de tu lengua, en todos los momentos de tu vida y en cada experiencia de tu vida. Deja que vean que tu vida está dominada por la verdad divina. Que vean toda la vida como un marco de enseñanza. Aprovecha cada ocasión de la vida como una oportunidad para enseñarles acerca de Dios. Aprovecha cada oportunidad para señalarles al cielo. Haz que todo lo que suceda sea un camino de vuelta a las Escrituras.

Jesús era un maestro absoluto en esta clase de enseñanza. Sacaba lecciones espirituales de todo lo que le rodeaba. Agua, higueras, semillas de mostaza, pájaros, pan, uvas, perlas, trigo y cizaña, vasos y platos, hombres y mujeres, luz y tinieblas, redes, convites, vides, zorras: todo en la vida abría una ventana a la verdad divina. Todos los padres son llamados a un estilo de enseñanza similar para sus hijos. Cada flor, cada roca, cada montaña, el océano, el cielo, el canto del grillo, la rugiente catarata, los recién nacidos, un cachorrillo, una ardilla, lo que sea: todas estas cosas constituyen excelentes lecciones objetivas para enseñarles las verdades acerca de Dios, y para envolverlos en la nutrición de su verdad.

Presta atención al lenguaje del versículo ocho: "Las atarás como una señal en tu mano, y estarán como frontales entre tus ojos". Es sencillamente otra manera de decir a los padres que deben mantener la Palabra de Dios perpetuamente delante de sus mentes, y siempre a mano. El versículo 9 prosigue: "Y las escribirás en los postes de tu casa, y en tus puertas". En otras palabras, haz de estas palabras la marca distintiva de tu casa. Esas expresiones no son dadas literalmente para prescribir filacterias (amuletos que contienen pasajes de las Escrituras, atados a la frente y a las manos con tiras de cuero) o *mezuzas* (cajitas con versículos de las Escrituras, clavadas en los postes de las puertas.) Más bien, con ellas se encarga a los padres la responsabilidad de hacer que la verdad de la Biblia sea el centro mismo de la casa.

Aquí tenemos otra lección de Deuteronomio 6: *Enséñalos a ser desconfiados del mundo que les rodea.* Los versículos 10-12 dicen: "Cuando Jehová tu Dios te haya introducido en la tierra que juró a tus padres Abraham, Isaac y Jacob que te daría, en ciudades grandes y buenas que tú no edificaste, y casas llenas de todo bien, que tú no llenaste, y cisternas cavadas que tú no cavaste, viñas y olivares que no plantaste, y luego que comas y te sacies, cuídate de no olvidarte de Jehová, que te sacó de la tierra de Egipto, de casa de servidumbre".

Los padres deben preparar a sus hijos para una vida en un mundo lleno de tentaciones, de ídolos, e incluso de cosas *buenas* que pueden distraer sus corazones del verdadero Dios. No deben olvidar al Señor.

Todo esto y más queda envuelto en la palabra *paideia,* "instrucción" o "crianza". Nutre a tus hijos en un medio así, apuntando a sus corazones con la verdad de la Palabra de Dios, y les estarás dando la clase de instrucción que Pablo demanda en Efesios 6:4.

AMONÉSTALOS CUANDO SEA NECESARIO

La otra palabra que Pablo emplea en este versículo es "amonestación" o *nouthesia* en el texto griego. Es una palabra que habla de una represión o advertencia. Pero también comunica el sentido de una gentil y amante amonestación paterna. En la práctica es un sinónimo de *paideia,* más que un término que contraste. Ambas palabras incluyen la connotación de disciplina y correctivo paternos.

Aquí volveremos a tratar de la cuestión que hemos introducido en el capítulo cuarto: el castigo corporal. Este tema es inexplicablemente desconcertante para muchos padres. En parte, la confusión se debe al tiempo en que nos ha tocado vivir. Durante medio siglo se ha popularizado un desprestigio del castigo corporal como algo inherentemente impropio, contraproducente, y perjudicial para el niño. Un grupo de investigadores que investigó el castigo corporal sumariza así sus conclusiones: "Sugerimos que la reducción o la eliminación del castigo corporal podría tener grandes beneficios para los niños y para la reducción de la conducta antisocial en la sociedad".[6] La psicóloga, madre y notoria activista contra el castigo corporal Penelope Leach destila la perspectiva típica humanista acerca del castigo corporal: "Formo parte del grupo contrario al castigo corporal, como madre y como psicólogo. Creo que dar azotainas a un niño, o darle con los nudillos, darle cachetes en la cara, o puñetazos, o sacudirlo, o apalearlo, o darle con la correa, es realmente malo. Creo también… que bien lejos de producir personas más disciplinadas, el castigo corporal hace mucho más difícil enseñar a los niños como comportarse".[7] Observemos cómo identifica dar una azotaina (en las nalgas) a un niño con darle cachetes en la cara, puñetazos, sacudirlo, apalearlo, o, inexplicablemente, dar con los nudillos. Pero estas cosas no son lo mismo, y no deberían asemejarse a la vara de disciplina administrada con amor.

Los que se oponen al castigo corporal citan a menudo estudios y estadísticas que parecen apoyar sus hallazgos, pero precisamente debido a que *comienzan* identificando actos brutales de violencia contra niños con una disciplina corporal administrada de forma apropiada, sus resultados quedan distorsionados. *Naturalmente* que los castigos crueles y que la violencia bruta contra los niños son cosa mala, contraproductiva, y antibíblica.

Pero como hemos observado en un capítulo anterior. la Biblia prescribe sin embargo la vara de disciplina como un aspecto *necesario* de la crianza de los hijos. De hecho, la Biblia contradice de plano a los que en la actualidad se oponen al castigo corporal: "Quien detiene la vara, odia a su hijo" (Pr. 13:24, V.M.). "La necedad está ligada en el corazón del muchacho; mas la vara de la corrección la alejará de él" (22:15). "Lo castigarás con vara, y librarás su alma del Seol" (23:14).

Además, según un reciente artículo en *U.S. News and World Report,*[8] "los expertos en crianza infantil" han basado todas sus conclusiones en contra del castigo corporal "en unos datos de investigación que en el mejor de los casos son cuestionables, y en el peor, muy defectuosos".[9] Según dicho artículo, algunos estudios recientes indican que el castigo corporal, cuando se emplea de manera apropiada, hace desde luego que los niños "se sientan menos inclinados a pelearse con otros y más inclinados a obedecer a sus padres". También hay evidencias que sugieren que los psicólogos infantiles y los medios de comunicación han suprimido deliberadamente hallazgos de investigadores que arguyen en favor del castigo corporal. Un "experto", cuando fue confrontado con evidencia que pone en duda la postura contraria al castigo corporal, dijo: "Hay suficiente evidencia para decidir que no necesitamos [castigo corporal],… incluso si la evidencia no es tan poderosa".[10]

Sin embargo, un estudio acerca del castigo corporal que comenzó eliminando los ejemplos de verdadero *abuso* (castigos en los que los padres causaban moretones o daños a sus hijos), encontró que el castigo corporal no abusivo realmente beneficia a los niños más que las formas alternativas de disciplina. En un estudio muy exhaustivo, el psicólogo Robert E. Larzelere, director residencial en Boys Town, en Nebraska, no pudo encontrar ninguna evidencia convincente de que el castigo corporal no abusivo, tal como típicamente lo aplican los padres, causara daños a los niños. Cosa más sorprendente, el estudio de Larzelere reveló que ninguna otra técnica de disciplina, incluyendo encierros y retiradas de privilegios, tenía resultados más beneficiosos para los niños menores de trece años que administrar unos azotes, en términos de conseguir que los hijos cumplan los deseos de sus padres.[11] Pero el artículo también concluye que la posición pública de los expertos seculares sobre la crianza de los niños no parece que vaya a cambiar pronto.

Naturalmente, ningún especialista en desarrollo infantil va a precipitarse a escribir un libro que se titule: *Por qué deberías administrar unos azotes a tu hijo,* y esta puede ser una razón por la que los medios de comunicación han enterrado el concepto de que unos azotes puedan ser en algunos casos una útil técnica de disciplina. Después que el profesor de ética Kevin Ryan, director del Centro para el Avance de la Ética y del Carácter en la Universidad de Boston, fuese citado en el *Nueva York Times* hace unos años diciendo: "Un castigo corporal suave es apropiado en casos extremos", dice él: "Nunca en mi vida había recibido tanto correo insultante por ninguna otra causa".[12]

Muchos de los que se oponen al castigo corporal sencillamente no están dispuestos a contemplar los hechos y las estadísticas de manera racional. Un crítico del castigo corporal dice abiertamente que, por lo que a él respecta, "golpear a niños no es un tema al que se pueda aplicar un debate racional. Es otra manifestación de la singular explicación americana de los niños como modelos para normas absolutas de conducta y de castigos austeros que los adultos no se impondrían a sí mismos".[13]

Los padres cristianos no deberían dejarse engañar por este histrionismo. La Biblia misma *prescribe* el castigo corporal, y advierte a los padres a que no abandonen el uso de la vara. Las opiniones de los pretendidos *expertos* que están en desacuerdo realmente pesan muy poco. Al final se verá que la realidad concuerda con la Palabra de Dios. Y, en esta línea, el artículo de *U.S. News* da efectivamente algunos consejos muy valiosos: "Una lección de la controversia del castigo corporal es que el hecho de que los padres apliquen unos azotes o no importa menos que *cómo* los apliquen. ...Una sola palabra de desaprobación puede mover a las lágrimas a un niño sensible, mientras que un chico más enérgico puede necesitar unas medidas más severas. Finalmente, los azotes se deberían aplicar en privado, para evitar humillar al niño, y sin ira".[14]

Valdrá la pena reiterar una verdad que hemos destacado en el capítulo cuatro. La disciplina paterna nunca debería causar daños al niño. Nunca es necesario causar moretones al niño; es suficiente con darle unos azotes lo suficientemente escocedores para que lo recuerden. Los azotes deberían siempre administrarse con amor y nunca cuando el *padre* o la *madre* están enfurecidos. Esta clase de disciplina es ciertamente abusiva, errónea y perjudicial para el niño, porque rompe el medio de una crianza y una instrucción amantes como se describe en Efesios 6:4.

Además, la aplicación de unos azotes no es en absoluto el *único* medio de disciplina que los padres deberían administrar. Hay otras muchas formas viables de castigar a los niños que ocasionalmente se pueden emplear en lugar de la vara. Si el hijo responde de inmediato a una reprensión verbal en una situación determinada, probablemente no hay necesidad de aplicar azotes. Otros castigos como la retirada de privilegios se pueden usar en ocasiones como alternativas a los azotes si la situación lo justifica.

Mucha de nuestra disciplina paterna debería ser totalmente positiva. Los padres pueden y deberían dar una conducción a sus hijos recompensándolos por una conducta positiva, además de castigarlos por mala conducta. Ambos miembros de la ecuación tienen importancia. La motivación positiva es totalmente legítima, y puede ser a menudo un medio efectivo para hacer que los hijos obedezcan. Observa, de hecho, que la promesa del mismo Dios unida al Quinto Mandamiento es una motivación positiva. El mandamiento fue reforzado con una promesa, no con una amenaza. A menudo es apropiado decir a tu hijo: "Si haces esto, te lo premiaré de esta manera".

La disciplina equilibrada incluye tanto refuerzos negativos como positivos. De hecho, podríamos recapitular toda la disciplina diciendo que significa *dar la recompensa apropiada a la conducta*. Cuando la conducta (que incluye tanto la actitud como la acción) es buena, queda justificada una recompensa positiva. Cuando la conducta es mala, se debe aplicar una retribución negativa. No se trata exactamente de ciencia espacial, ¿verdad?

Sin embargo, los padres parecen incurablemente confundidos acerca de estas cuestiones. Hasta muchos padres cristianos que conozco están prácticamente paralizados de temor acerca de si, cuándo, cómo y cuánto disciplinar a sus hijos. Pero lo que nos dice la Biblia es algo bien sencillo y directo: Tenéis un niño depravado e insensato, y si no queréis que sea tan insensato, dadle unos azotes (Pr. 22:15). Tenéis una solemne responsabilidad ante Dios de darle un ambiente de crianza e instrucción en el que vuestro hijo esté constantemente expuesto a la verdad de Dios (Dt. 6:6-7). En resumen, debéis tener cuidado en no provocar a ira a vuestros hijos, sino criadlos en la disciplina y amonestación del Señor (Ef. 6:4).

Todos aquellos padres y madres que lleguen a asimilar estos pocos y sencillos principios no se equivocarán mucho.

❧❧

El papel del padre

Maridos, amad a vuestras mujeres.
—EFESIOS 5:25

Aparte de la consagración fundamental de los padres a Cristo, el fundamento más importante para una crianza de los hijos con éxito es un matrimonio sano, centrado en Cristo.

Me doy cuenta de que una declaración como esta puede ser desalentadora para muchos lectores, porque son tantas las personas que se esfuerzan por ser buen padre o buena madre en hogares monoparentales, o en hogares donde uno de los cónyuges no tiene ningún compromiso con Cristo.

Si esto describe tu circunstancia, no desesperes. La situación no es desesperada en tanto que siquiera *uno de los padres* emprenda criar a sus hijos en la disciplina y amonestación del Señor. Es desde luego difícil para un padre trabajar solo (y todavía *incluso* más difícil cuando este padre o madre tiene que actuar *en contra* del ejemplo impío del otro progenitor), pero en todo caso la situación no es desesperada, porque el mismo Dios está dispuesto a suplir la necesidad.

Él no olvida a aquel padre o madre solos y a los niños de los hogares rotos. Él es "Padre de huérfanos y defensor de viudas" (Sal. 68:5). En otras palabras, Él sustenta a los huérfanos y a las viudas con una gracia y misericordia especiales. "Jehová guarda a los extranjeros; al huérfano y a la viuda sostiene" (Sal. 146:9). Su naturaleza misma es la de ser amigo de los que no los tienen, y de suplir a las necesidades de los menesterosos. Los padres solos pueden recurrir a su misericordia y refugiarse en su inagotable bondad.

Pero el hogar monoparental no es ciertamente el ideal de Dios para la familia. Su designio para las familias involucra a la vez al padre y a la madre. El papel del padre es tan crucial que en los tiempos del Antiguo Testamento, si un hombre moría, su viuda tenía que casarse con el pariente más próximo (Dt. 25:5). La familia arquetípica que la Biblia presenta involucra a ambos padres cumpliendo sus partes en sujeción a Dios, impulsados a trabajar en cooperación por su mutua entrega del uno al otro, con un profundo amor centrado en Cristo como el adhesivo que lo une todo. Por ello, la mayor parte de la enseñanza acerca de la familia en la Biblia *presupone* la presencia del padre y de la madre, consagrados ambos a Cristo. Y en el modelo bíblico, el matrimonio es por tanto el centro y el fundamento de la familia.

En cambio, en estos días que vivimos las familias tienden a centrarse en los niños. Todo gira en torno a los niños. Las actividades de los niños, sus relaciones, y sus intereses tienden a determinar el programa de la familia. Pero el designio de Dios para la familia es que sea primero centrada en Cristo, y luego centrada en el matrimonio, teniendo la relación marido-mujer la prioridad sobre todas las demás relaciones en el hogar y determinando los padres, no los hijos, el programa de la familia.

Es por esta razón que en ambos pasajes donde el apóstol Pablo trata de la familia (Col. 3:18-21 y Efesios 5:22; 6:4), *comienza* sus instrucciones con exhortaciones dirigidas a marido y mujer. En ambos lugares sigue el mismo orden:

- Casadas, estad sujetas a vuestros maridos (Col. 3:18; Ef. 5:22-24).
- Maridos, amad a vuestras mujeres (Col. 3:19; Ef. 5:25-33).
- Hijos, obedeced a vuestros padres (Col. 3:20; Ef. 6:1-3).
- Padres, no exasperéis a vuestros hijos (Col. 3:21; Ef. 6:4).

En ambos pasajes, el apóstol prosigue dando instrucciones a los siervos para que obedezcan a sus amos, y el contexto sugiere que tenía en mente principalmente a los criados *domésticos* (aunque el principio de sujeción se aplica ciertamente a toda clase de siervo o empleado). Lo que Pablo está haciendo en estos dos vitales pasajes es establecer el designio de Dios acerca de cómo debe ordenarse la familia.

Y el tema predominante en todo ello es la *sujeción*. Debe haber un sometimiento de unos a otros entre todas las partes, donde la familia como un todo se sujeta a la dirección del padre; el padre se sujeta a sí mismo en amor a la satisfacción de las necesidades esenciales de la esposa; los hijos se sujetan a la autoridad del padre; y los padres mismos se sujetan a las necesidades de los hijos proveyéndoles una amante crianza y amonestación sin provocarlos a ira. La sujeción es el principio conductor que lo ciñe todo: "Someteos unos a otros en el temor de Dios" (Ef. 5:21).

En este estudio sobre la crianza de los hijos, hemos repasado las instrucciones del apóstol, comenzando con los niños y dirigiéndonos hacia atrás. Primero hemos considerado el deber del niño de obedecer. Luego hemos examinado el deber de los padres de evitar exasperar a sus hijos. Ahora pasamos al papel del padre.

Las instrucciones del apóstol a los maridos son sencillas: Amen a sus mujeres. Ámenlas como Cristo amó a la iglesia. Cuídenlas. Hónrenlas. Sírvanlas. Guíenlas. Usted, marido, es la cabeza de la esposa en el mismo sentido que Cristo es la cabeza de la iglesia.

EL SIGNIFICADO DEL AMOR

Pídeles a muchos maridos cristianos que resuman su deber bíblico en una palabra, y te responderán: "Liderazgo". La Biblia responde a la pregunta con una palabra diferente: "Amor".

No hay duda alguna de que el designio de Dios para los maridos incluye el aspecto del liderazgo. Pero es un liderazgo que procede del amor y que está siempre atemperado por un tierno y solícito afecto. Es desde luego verdad que el marido es cabeza de la mujer. Pero como veremos, la condición de "cabeza" en sentido bíblico no significa meramente autoridad. Ni tan solo incluye la clase de autoridad que muchos maridos quieren imponer sobre sus familias. No es la mentalidad de "ve a buscarme las zapatillas" que muchos hombres comunican a sus esposas e hijos. No es la actitud de ser "el rey y señor". El marido no debe ser un miserable tirano. El papel que le pertenece como cabeza amante y que alimenta queda mejor reflejado en Cristo, que asumió el papel de siervo para lavar los pies de sus discípulos.

Una vez más, el tema que impregna Efesios 5:22; 6:4 es *la sujeción* o sumisión, y no carece de sentido que las instrucciones del apóstol para el padre vengan solo dos versículos después del llamamiento a la mutua sumisión. El versículo dice: "Someteos unos a otros en el temor de Dios". Este es un mandamiento general a todos los cristianos en todos los contextos.

El padre cristiano no es una excepción a esta regla. El amor que deben mostrar a sus esposas envuelve sujeción. Está coloreado y caracterizado por la gentileza, la ternura y el servicio. Es un amor humilde, servicial, como el de Cristo.

Además, y para ensanchar un poco el contexto, el tema más amplio de esta sección de Efesios 5 tiene que ver con lo que significa estar *llenos del Espíritu*. El versículo 18 dice: "No os embriaguéis con vino, en lo cual hay disolución; antes bien sed llenos del Espíritu". ¿Por qué relaciona el apóstol la idea de embriaguez con el concepto de ser llenos del Espíritu? La respuesta no es (como algunos sugerirían) que ser lleno del Espíritu es como estar embriagado. La persona verdaderamente llena del Espíritu no es alguien que pierde el control de sus facultades, que actúe de manera imprevisible, que se ría a carcajadas, o cosas semejantes. A diferencia de lo que muchos creen en la actualidad, la Biblia nunca presenta una conducta llena del Espíritu como estridente o descontrolada.

De hecho, la idea global de control es aquí esencial para el sentido del apóstol. Una persona llena de vino está literalmente *controlada* por el vino. Está, por así decirlo, "bajo su influencia". Del mismo modo, una persona llena del Espíritu está bajo el control y la influencia del Espíritu. Sus pensamientos, acciones y trato a los demás quedan gobernados y conformados por el control del Espíritu Santo.

¿Cómo es la conducta controlada por el Espíritu? Pablo lo caracteriza de esta manera: "Hablando entre vosotros con salmos, con himnos y cánticos espirituales, cantando y alabando al Señor en vuestros corazones; dando siempre gracias por todo al Dios y Padre, en el nombre de nuestro Señor Jesucristo. Someteos unos a otros en el temor de Dios" (Ef. 5:19-21). Observemos el concepto de reciprocidad que se repite. Comienza con "Hablando entre vosotros" y acaba con "someteos unos a otros". En medio describe un alma que está en armonía con el Señor y que está totalmente agradecida por cada giro de la Providencia. Está describiendo a alguien con el corazón y la mente tan rendidos al control del Espíritu Santo que de su boca fluye un habla edificante, y del corazón viene una amante sujeción. En otras palabras, la persona llena del Espíritu es alguien que *habla* para edificar, que *canta* alabanzas a Dios desde lo profundo de su corazón, que *da* gracias a Dios por todo, y que se *sujeta* a otros en el temor de Dios.

La *sujeción* es lo que compone el marco de las instrucciones de Pablo a los maridos: "Amad a vuestras mujeres". El amor al que llama es un amor lleno del Espíritu, sujeto. Esta clase de amor es francamente incompatible con la forma dominante e imperiosa con que muchos maridos intentan afirmar sus derechos como *cabeza* de la familia.

Primera Corintios 13 contiene la descripción bíblica más exhaustiva del amor: "El amor es sufrido, es benigno; el amor no tiene envidia, el amor no es jactancioso, no se envanece; no es indecoroso, no busca lo suyo, no se irrita, no guarda rencor; no se goza de la injusticia, mas se goza de la verdad. Todo lo sufre, todo lo cree, todo lo espera, todo lo soporta. El amor nunca deja de ser" (vv. 4-8).

Observemos cómo el acento recae en el total desprendimiento del amor: la benignidad del amor, su gentileza, su rechazo al egoísmo, su total interés en el bienestar de su objeto. Todos estos elementos son aspectos esenciales de lo que Pablo demanda cuando ordena a los maridos que amen a sus mujeres. Observa también que en el original griego el apóstol se apoya en verbos, no en adjetivos, para describir el amor. Comienza y acaba su descripción del amor con verbos *activos* ("sufre largamente… es benigno… sufre… cree… espera… soporta"). El amor es activo, no pasivo, y el que verdaderamente ama mostrará su amor por lo que hace por el objeto de su amor, no exigiendo lo que cree que se debe hacer por él.

El marido que cree que Dios ordenó la familia para que la mujer estuviera a su disposición y a sus órdenes lo ha comprendido todo al revés. *Él* debe amarla y servirla. El padre que considera a su esposa y a sus hijos como posesión personal bajo sus órdenes tiene un concepto deformado de la responsabilidad que le pertenece como *cabeza* de la familia. Su condición de cabeza significa en primer lugar que él debe servirlos, protegerlos, y proveer a sus necesidades. En resumen: Su deber es *el amor*, y todo esto queda englobado en este término.

Incluidas en el concepto de cabeza hay algunas lecciones acerca de cómo actúa el amor.

LA MANERA DEL AMOR

Observemos, primero, que toda la idea de la condición de cabeza del marido es en comparación con Cristo. La condición de cabeza del marido sobre la mujer se asemeja a la condición de cabeza de Cristo sobre la iglesia. "El marido es cabeza de la mujer, así como Cristo es cabeza de la iglesia" (Ef. 5:23). Por tanto, el amor del marido por la esposa se supone semejante al amor de Cristo por la iglesia:

> Maridos, amad a vuestras mujeres, así como Cristo amó a la iglesia, y se entregó a sí mismo por ella, para santificarla, habiéndola purificado en el lavamiento del agua por la palabra, a fin de presentársela a sí mismo, una iglesia gloriosa, que no tuviese mancha ni arruga ni cosa semejante, sino que fuese santa y sin mancha. Así también los maridos deben amar a sus mujeres como a sus mismos cuerpos. El que ama a su mujer, a sí mismo se ama. Porque nadie aborreció jamás a su propia carne, sino que la sustenta y la cuida, como también Cristo a la iglesia, porque somos miembros de su cuerpo, de su carne y de sus huesos. Por esto dejará el hombre a su padre y a su madre, y se unirá a su mujer, y los dos serán una sola carne. Grande es este misterio; mas yo digo esto respecto de Cristo y de la iglesia. Por lo demás, cada uno de vosotros ame también a su mujer como a sí mismo; y la mujer respete a su marido. (Ef. 5:25-33, cursivas añadidas)

Desde luego, es significativo que el apóstol se tome más tiempo y dé más espacio a sus instrucciones para los maridos que para cualquier otro miembro de la familia. Esto no es una parte incidental de sus instrucciones para el ordenamiento de la vida del hogar. Es un principio clave, esencial, y es vital que los maridos se den cuenta de la importancia de este pasaje: *El amor de Cristo a la iglesia es la pauta para el amor del marido por la mujer.* Pablo destaca cuatro aspectos de este amor.

Es un amor sacrificado

En primer lugar, como hemos estado destacando desde el principio, el amor del marido hacia su mujer no debe ser un tipo dominante de amor. Es el amor del propio sacrificio.

Es la misma clase de amor que Cristo tuvo por la iglesia. ¿Y cómo manifestó Él su amor?" Él "se entregó a sí mismo por ella" (Ef. 5:25). Hechos 20:28 se refiere a la iglesia como "la iglesia del Señor, la cual él ganó por su propia sangre". El sacrificio de Cristo es el compendio mismo de todo lo que el amor demanda. En 1 Juan 3:16 dice: "En esto hemos conocido el amor, en que él puso su vida por nosotros". Jesús mismo dijo: "Nadie tiene mayor amor que este, que uno ponga su vida por sus amigos" (Jn. 15:13).

Juan Crisóstomo, un gran predicador de la iglesia primitiva, dijo esto a los maridos que pudieran haberse sentido tentados a definir la medida de obediencia que esperaban de sus mujeres:

> Oíd también la medida del amor. ¿Quieres tú que tu esposa te sea obediente, como la Iglesia lo es a Cristo? Entonces ten tú el mismo cuidado providente por ella que Cristo muestra por la Iglesia. Sí, incluso si te fuere necesario dar tu vida por ella; más aun, ser despedazado diez mil veces; más aun, soportar y sufrir cualquier padecimiento que fuere, no lo rehúses. Aunque sufras todo esto, ni siquiera entonces habrás hecho nada que se aproxime a lo que hizo Cristo. Porque tú estás haciendo esto por alguien a quien ya estás unido; pero Él lo hizo por alguien que le había vuelto la espalda y lo odiaba. Del mismo modo en que puso a sus pies a aquella que le había vuelto la espalda, que lo odiaba, menospreciaba y desdeñaba, y no lo hizo mediante amenazas ni por violencia, ni por terror, ni por nada así, sino por su infatigable afecto; así compórtate tú para con tu esposa. Sí, aunque la veas que te mira con desprecio, y te desdeñe y escarnezca, sin embargo, por tu gran solicitud por ella, por afecto, por bondad, podrás ponerla a tus pies. ...Sí, aunque sufras lo que sea por ella, no la censures; porque tampoco Cristo hizo tal cosa.[1]

Aunque sea en un lenguaje anticuado, tenemos aquí una maravillosa lección. ¿A cuántos hombres no les gusta blandir Efesios 5:22, "Las casadas estén sujetas a sus propios maridos", ante los rostros de sus mujeres? ¿Pero cuántos de estos mismos hombres están dispuestos a cumplir todo lo que se les pide *a ellos* en los versículos 25-33?

Sin usar expresamente la palabra "amor", el apóstol Pedro describe el amor del marido por su mujer: "Vosotros, maridos, igualmente, vivid con ellas sabiamente, dando honor a la mujer como a vaso más frágil, y como a coherederas de la gracia de la vida" (1 P. 3:7).

Observemos que Pedro también expone el papel de sujeción de la mujer. En el versículo 6 dice: "Sara obedecía a Abraham, llamándole señor". No hace mucho, un joven comprometido para casarse habló con un amigo mío para pedirle consejo bíblico. Su compromiso estaba en peligro, dijo, porque le había enseñado 1 Pedro 3:6 a su futura esposa y le había dicho que debería dirigirse a él como "señor". (En realidad, decía que prefería la Nueva Versión Internacional que dice "amo".) Ella rechazó de plano tal pretensión, diciéndole que no creía que este versículo significase que las esposas tenían que dirigirse literalmente a sus maridos como "señor y amo". Este joven habló con mi amigo para pedir consejo acerca de si debería romper el compromiso o si debía darle tiempo para aprender "una apropiada sumisión bíblica".

Mi amigo le observó que 1 Pedro 3:6 no demanda una obediencia servil de las esposas. Un vistazo a Génesis 18:12 revela que cuando Sara llamó "mi señor" a Abraham, se estaba refiriendo a él en tercera persona. Nada sugiere que ella *se dirigiera* a él de esta manera, y desde luego no hay ningún mandamiento bíblico que exija a las esposas que se dirijan a sus maridos como a superiores. Un marido que insista en esta clase de homenaje verbal de parte de su mujer pierde totalmente de vista el argumento de Pedro. Las instrucciones de Pedro al *marido* en 1 Pedro 3:7 acentúan que la esposa es coheredera de la gracia de la vida: un igual espiritual delante de Dios, no la doméstica personal del marido.

Mi amigo sugirió a este personaje que quizá *sí* debería romper el compromiso, para bien de su futura esposa, hasta que *él* adquiriera una mejor perspectiva de cómo se supone que los maridos han de tratar a sus mujeres.

La relación cabeza-sujeción no tiene que ver con superioridad e inferioridad. Muchas mujeres son claramente más sabias, más llenas de conocimiento, más capaces de expresarse y tienen más discernimiento que sus maridos. Pero Dios ha ordenado la familia de modo que el hombre sea la cabeza. Esto no se debe a que la esposa deba automáticamente una deferencia servil al marido como su inferior, porque ella *no* debe ser tratada como un inferior, sino como coheredera. La razón de este orden divino es que la esposa es el vaso *más frágil*, y el marido, por tanto, se debe a ella sacrificialmente y para protegerla.

En otras palabras, por lo que respecta a los maridos, el papel de cabeza debería ser considerado como algo que comporta una mayor responsabilidad, no mayores privilegios. En el centro del concepto bíblico de condición de cabeza está la disposición a sacrificar los propios privilegios. Un marido que no pueda darse cuenta de esto no ejercitará su papel de cabeza en el hogar de manera adecuada.

Siempre considero que es bueno recapitular la naturaleza sacrificial del amor del marido con estas tres palabras:

Consideración. "Maridos, vivid con ellas sabiamente", dice Pedro en el versículo 7. Con ello indica que se debe ser considerado. Esto está en oposición a la mentalidad troglodita que algunos quisieran defender. Es incompatible con el tipo de machismo independiente, orgulloso y egocéntrico que muchos parecen creer que es la esencia de la cualidad varonil. Lo que se demanda es comprensión, sensibilidad y provisión para las necesidades de tu esposa. Ello involucra un sincero esfuerzo por comprender sus sentimientos, temores, ansiedades, preocupaciones, metas, sueños y deseos. En resumen, los maridos deben ser considerados.

A menudo, ello se reduce a escuchar con atención. El marido debe comprender el corazón de su esposa. ¿Cómo puede expresar un amor sacrificial que supla las necesidades de ella cuando no tiene ni idea de cuáles son estas necesidades? Francamente, esto constituye una dificultad para la mayoría de los hombres. No es algo que nos venga por naturaleza. Lo mismo que nuestros hijos, nos enfrentamos a nuestras propias tendencias pecaminosas y a nuestros deseos egoístas. Pero Dios nos llama a ser modelos de amor sacrificial en nuestras familias, y esto comienza mostrando consideración.

Caballerosidad. La esposa es "vaso más frágil", según Pedro. ¿En qué sentido son las mujeres *más frágiles?* Esto se refiere primordialmente al ámbito físico. Las mujeres, en general, son físicamente más débiles que los hombres. Ahora bien, es indudablemente cierto que hay algunos hombres que tienen mujeres más fuertes que ellos. Pero esto no es común, y creo que, incluso en los casos excepcionales, el principio sigue siendo de aplicación. El marido ha de tratar a su mujer con una gentil caballerosidad. Puede hacer esto de mil maneras, desde abrirle las puertas hasta mover los muebles y hacer el trabajo pesado de la casa.

Un marido amante no le dirá a su mujer: "Cuando hayas cambiado el neumático tendré el gusto de llevarte a la tienda". Las servimos con nuestra fuerza. Las tratamos como vaso más frágil, mostrándoles una deferencia particular en aquellas cuestiones en que su debilidad física las sitúa en desventaja. En 1 Pedro 3:7 se sugiere realmente que Dios *tuvo el designio* de poner a las mujeres bajo la protección del hombre, beneficiándose ellas de la fuerza de él. Y servir a nuestras esposas prestándoles nuestra fuerza es una de las maneras en que les mostramos un amor cristiano y sacrificial.

Comunión. Debemos considerar a nuestras esposas "como a coherederas de la gracia de la vida". Hombres y mujeres pueden ser físicamente diferentes, pero son iguales espiritualmente. Trata a tu esposa como tu par espiritual. Aunque tengas un legítimo interés en la tarea del liderazgo espiritual en tu hogar, no olvides la responsabilidad de la comunión ante Dios con tu esposa como coherederos de su gracia. Tu papel como su guía no significa que tú seas su superior. Los dos sois totalmente dependientes de la gracia divina, y sois juntamente herederos de esta gracia.

En el Cantar de los Cantares, la esposa dice de su esposo: "Tal es mi amado, tal es mi amigo" (5:16). Me encanta esta expresión. Ella se regocija en su amor por él, pero no es solo su sentimiento romántico hacia ella lo que la entusiasma. No es su *machismo* ni su liderazgo lo que hace cantar el corazón de la esposa. ¿Qué es? Ella se siente feliz de que él es su *amigo.* Esta es la clase de relación que los maridos deberían cultivar. Es un profundo sentimiento de una participación íntima y a la par de cosas espirituales. Es una comunión juntos como no sucede con ninguna otra relación en la tierra.

Aquí tenemos una sencilla manera de recapitular el amor sacrificial: el marido lleno del Espíritu ama a su esposa no por lo que ella puede hacer por él, sino por lo que él puede hacer por ella. Así es precisamente como opera el amor de Cristo. Él nos ama no porque haya algo en nosotros que le atraiga, no porque Él reciba beneficio alguno de amarnos, sino simplemente porque Él decidió amarnos y se deleita en darnos su favor.

¿No te has dado cuenta de que el amor es un acto de la voluntad, y no un sentimiento? Nuestra generación tiende a presentar el amor como un sentimiento involuntario: un estado en el que las personas *caen.* Por consiguiente, muchos que creen que "han *perdido* el amor" piensan erróneamente que ya no pueden hacer nada acerca de ello, y abandonan sus matrimonios. Pero aquí tenemos una prueba de que el amor es un acto de la voluntad: la Biblia nos *manda* amar. Dios llama a los maridos a un amor deliberado, voluntario, no a un sentimiento sobre el que no tengan control.

El amor no es solo un sentimiento. Es un compromiso con el bienestar de su objeto. Es una devoción voluntaria. Involucra sacrificio, consideración, caballerosidad, cortesía, compromiso, y todas las demás cosas a las que nos estamos refiriendo. *Todas ellas son respuestas voluntarias.* Un marido que proteste que *no puede* amar a su mujer está en realidad rebelándose contra el mandamiento de Dios.

No es cuestión de merecimientos. El amor no es algo que pueda ser *ganado* por el encanto de su objeto. Nosotros no hicimos nada por ganar el amor de Cristo. Él nos amó a pesar de nuestra falta de atractivo. Su amor hacia nosotros es como el amor de Oseas, la esposa del cual se contaminó al lanzarse a la prostitución. Y cuando su disipación llegó a su punto más bajo y fue llevada al mercado para ser vendida, Oseas mismo la rescató comprándola (Os. 3:1-3). Él no hizo esto porque hubiera en ella nada limpio y dulce, gracioso y encantador, sino porque estaba en su corazón el amarla. Dios amó del mismo modo a Israel, a pesar de su infidelidad. Y Cristo ama a su iglesia del mismo modo, poniendo en ella su afecto y sacrificando su vida misma por ella mientras ella estaba aun en su pecado. Este es un amor total y completamente sacrificial.

Tampoco es el amor de Cristo por nosotros la clase de amor que busque tiranizarnos. Es un amor que busca suplir nuestras necesidades, comprendernos, y fortalecernos. Es un amor sacrificial. Es precisamente la clase de amor que cada marido debe a su mujer. Y cualquier hombre dispuesto a obedecer a Dios puede, por el poder del Espíritu de Dios, hacer acopio de esta clase de amor por su mujer, con independencia de aquello que él pueda considerar que no es atrayente en ella. Este amor es fruto del Espíritu de Dios. Un amor que sirve y sacrifica es por ello la consecuencia natural de estar lleno del Espíritu.

Es un amor purificador

El amor que los maridos tienen mandado mostrar a sus mujeres es también un amor que busca y protege la pureza de su objeto. "Cristo amó a la iglesia, y se entregó a sí mismo por ella, para santificarla, habiéndola purificado en el lavamiento del agua por la palabra, a fin de presentársela a sí mismo, una iglesia gloriosa, que no tuviese mancha ni arruga ni cosa semejante, sino que fuese santa y sin mancha" (Ef. 5:25-27).

Ahora bien, esta es una imagen hermosa. Sugiere que el amor de Cristo por la iglesia es algo que le impulsa a purificarla y a mantenerla pura. Quiere revestir a la iglesia de gloria. La palabra griega traducida "gloriosa" en el versículo 27 es *endoxos,* que habla de un esplendor suntuoso. Lucas 7:25 usa la misma palabra, y en la versión castellana se traduce: "vestidura preciosa".

Hace referencia a una belleza pura e inmaculada que Él le comunica. Es la gloria propia de Cristo otorgada a la iglesia. Es el esplendor de su santidad y virtud: sin mancha, sin arruga y sin tacha.

Cuando un hombre ama de verdad a su mujer, la pureza de ella debería ser el mayor interés de él. Nadie querría jamás contaminar a una persona a la que verdaderamente ama. El joven que dice que ama a su novia pero que quiere que ella tenga relaciones sexuales con él antes de la boda, no está impulsado en absoluto por el amor. Esto es pura lascivia. El amor honra y protege la pureza de su objeto.

Marido, si realmente amas a tu mujer, odiarás todo lo que pueda contaminarla. Todo lo que amenace a robar su pureza se convertirá en tu mortal enemigo. Y a la inversa, cualquier pretendido "amor" que arrastre al cónyuge a la impureza es un amor falso.

Me asombro de cuántos hombres de los que oigo que exponen deliberadamente a sus esposas a películas pornográficas o a revistas o imágenes lascivas o indecentes, creyendo que es una manera justificable de volver a poner algo de chispa en su relación romántica. Oí una vez a un predicador (un hombre que pretendía ser evangélico) en un programa de entrevistas en la televisión, jactándose de que su esposa le había comprado una suscripción a la revista *Playboy,* y que leían juntos la revista. "Cuando se tiene nuestra edad", dijo con una zalamera presunción, "necesitas algo que vuelva a poner una chispa en tu romance". Este hombre era una deshonra para el nombre de Cristo, y deshonraba a su propia esposa tanto como al Señor. No puedo imaginarme a un hombre que ame a su mujer y que quiera exponerla a ninguna clase de maldad y vileza, por no mencionar el hecho de someterse él mismo a tentaciones innecesarias, por la razón que fuere. Esta clase de actividad desde luego no servirá de ayuda a largo plazo a ningún romance que esté apagándose. Todo lo que hace es contaminar y mancillar a ambas partes.

Los maridos nunca deberían guiar a sus esposas a ninguna clase de pecado. Nunca hay una buena razón para exponerla a la iniquidad. No la arrastres a nada que pueda tentarla, deshonrarla, ni envilecerla. No la arrastres a ver películas donde sus oídos sean asaltados con palabras soeces gratuitas. No la lleves a ninguna forma de entretenimiento que pueda atraer a deseos pecaminosos. No la irrites ni amargues de modo que caiga a la tentación de la ira. No la tientes en forma alguna. Y sé tú mismo un ejemplo de pureza.

Por encima de todo, si no haces otra cosa en la vida de tu esposa, expónla a la Palabra de Dios. Manténla bajo el son de la Palabra de Dios de modo que sea a diario y constantemente limpiada. Tú tienes el papel sacerdotal como cabeza de tu casa, y una parte vital de tu tarea sacerdotal es ayudar a guardar la pureza de tu esposa.

Ocasionalmente, me visitan maridos y me dicen cosas como: "No sé qué ha pasado, pero de repente mi mujer me ha dejado por otro hombre". La triste verdad es que cuando una mujer peca así, no se trata de algo que haya comenzado a ir mal; es inevitablemente la *conclusión* de algo que iba mal hace mucho tiempo. Cuando una mujer abandona a su marido, ello es casi de cierto la culminación de una larga dinámica de pecado. Si aquel marido hubiera estado guardando celosamente la pureza de su esposa, tal como era su responsabilidad, es probable que nunca se habría encontrado con la guardia bajada, y habría podido hacer algo para impedir que cayese.

La urgencia por proteger la pureza de nuestras esposas se intensifica en una cultura en la que millones de hombres envían diariamente a sus esposas a trabajos en un ambiente mundano, a trabajar bajo la supervisión de alguna otra persona, en presencia de algunas tentaciones muy intensas. La esposa se pasa el día en un ambiente de oficina con otros hombres bien vestidos y rodeados de éxitos. Ella también está vestida para el medio comercial. Todo allí tiene una apariencia superior a lo que ella encuentra en casa. Sé por los testimonios de personas a las que he dado consejo que esta clase de cosa ha sido el punto de arranque para la disolución de muchos matrimonios.

Los maridos deben estar alerta acerca de estos peligros y evitarlos. Los maridos deben también mantenerse puros en el puesto de trabajo. El hombre que galantea a su secretaria o a alguna otra mujer no está honrando a su esposa, y está también haciendo peligrar su pureza, porque en último término todo aquello que lo contamine a él la contaminará también a ella.

Primera Corintios 13:6 dice que el amor "no se goza de la injusticia, mas se goza de la verdad". El verdadero amor nunca podría encontrar placer en la iniquidad, especialmente en la clase de iniquidad que contamina al objeto del amor. El amor genuino está preocupado por la pureza. Y el marido que verdaderamente ama a su esposa considera un privilegio, un honor y un gozo guardar su pureza. ¡Qué bendición y dicha que una esposa pura comportará a su vida!

Es un amor solícito

"Así también los maridos deben amar a sus mujeres como a sus mismos cuerpos. El que ama a su mujer, a sí mismo se ama. Porque nadie aborreció jamás a su propia carne, sino que la sustenta y la cuida, como también Cristo a la iglesia. Porque somos miembros de su cuerpo, de su carne y de sus huesos" (Ef. 5:28-30).

¿Qué significa amar a tu esposa como a tu mismo cuerpo? En realidad, es un concepto muy sencillo. Tú cuidas de tu propio cuerpo. Si está enfermo, lo pones en la cama para que mejore. Si está hambriento, lo alimentas. Si tiene sed, le das algo que beber. Si está desaseado, lo aseas. Te cuidas constantemente de él: alimentándolo, vistiéndolo, confortándolo y proveyéndole de todo lo que necesita. Y esta es la esencia misma del amor que deberías mostrar a tu mujer. Debes ocuparte en suplir a sus necesidades.

La comparación con cuidar del propio cuerpo es especialmente apropiada en el matrimonio, debido a la manera en que Dios estableció el matrimonio. Pablo pasa a citar Génesis, donde Dios estableció la institución del matrimonio: "Por esto dejará el hombre a su padre y a su madre, y se unirá a su mujer, y los dos serán una sola carne" (Gn. 2:24; Ef. 5:31).

Cuando un hombre y una mujer contraen matrimonio, vienen a ser uno. Y la unión del matrimonio se consuma con la unión corporal literal de marido y mujer. Los dos vienen a ser una sola carne. Desde este momento, el marido debería considerar que si las necesidades de la esposa no quedan satisfechas, las suyas tampoco lo están siendo. Él debe darle a ella el mismo cuidado y consideración que le da a su propio cuerpo.

Tenemos un pequeño aviso que cuelga de la cocina en nuestra casa: "Si mamá no es feliz, no hay nadie feliz". Este principio es desde luego cierto en el matrimonio. ¡El marido que deja sin satisfacer las necesidades de su esposa, pronto sufrirá las dolorosas consecuencias! Y con toda justicia. Si quieres ser un marido satisfecho, debes tener una esposa satisfecha. Si quieres felicidad y armonía en tu vida matrimonial, entonces trata a tu esposa tan bien como te tratas a ti mismo. Si quieres ser un padre satisfecho, debes tener hijos satisfechos.

El apóstol Pablo dice: "Nadie aborreció jamás a su propia carne". Sencillamente, no es normal que te aborrezcas a ti mismo. Hasta aquellos que pretenden tener una pobre imagen de sí mismos están generalmente expresando alguna forma de orgullo egocéntrico, no un verdadero aborrecimiento de sí mismos. A fin de cuentas, evitan aquellas cosas que puedan dañarles; comen cuando tienen hambre; poseen los mismos instintos de autopreservación que los demás. En realidad, no se *odian* a sí mismos. El hecho es que la mayoría de las personas que creen que tienen una pobre autoestima se miman más a sí mismos que las personas normales.

Es normal procurar satisfacer las propias necesidades. No hay nada de malo en ello, a no ser que dejemos de mostrar una similar consideración hacia los demás (Mr. 12:31). Desde luego, la actitud normal de un marido hacia su mujer debería incluir un cuidado amante por ella. Hay algo que va seriamente mal y que no es nada sano si el marido no sustenta y cuida a su esposa como lo haría con su propio cuerpo. La perspectiva del marido está terriblemente retorcida si considera a su esposa como su cocinera, lavandera, niñera y compañera sexual personal, y nada más. Y es particularmente inconsciente que la ponga en el puesto de ser la que gane el pan de la familia. Ella es un tesoro que Dios le ha confiado para que cuide de ella, la atesore, la sustente, para que sea una amante ayuda idónea, para satisfacer la necesidad del marido de amor, de compañía, de intimidad física, de camaradería y de amistad, y para que sea la madre de sus hijos. El marido y la mujer son una carne. Es la más perfecta unión en la tierra. Y el marido que verdaderamente comprende su unión con su mujer cuidará de manera natural de ella de la misma manera que cuida de sí mismo.

Este principio tiene un significado aún más profundo en un matrimonio cristiano. La esposa no es solo una con el marido. Es una también con Cristo. En su matrimonio, ella es uno con su marido; en su salvación, ella es uno con Cristo. De modo que la manera en que el marido la trate refleja cómo considera al Señor. Jesús mismo dijo: "De cierto os digo que en cuanto lo hicisteis a uno de estos mis hermanos más pequeños, a mí lo hicisteis" (Mt. 25:40). Es bien cierto que este principio se aplica aun más a un matrimonio cristiano.

El apóstol resalta esto con dos palabras en Efesios 5:29: *ektrefø* (sustenta) y *thalpø* (cuida).

Ektrefø se usa solo en otro lugar en el Nuevo Testamento, Efesios 6:4 (un versículo que ya conocemos bien), donde se traduce "criadlos". Los maridos son llamados a sustentar y a alimentar a sus esposas y a llevarlas a la madurez de una manera similar a cómo los padres sustentan y cuidan de sus hijos. Esto sugiere que él debe proveer a las necesidades de ella, alimentarla (tanto de manera espiritual como literal), y ayudar a llevarla a la madurez espiritual. Esto no solo acentúa la responsabilidad del hombre de ser quien gana el pan, sino que también destaca su responsabilidad de ejercer el papel de liderazgo espiritual en la familia.

Thalpø significa literalmente "calentar con calor corporal". Es una hermosa expresión, que destaca la intimidad y ternura del deber del marido para con la mujer. La palabra griega se usaba en ocasiones para describir a un pájaro anidador, y así se usa en 1 Tesalonicenses 2:7. Evoca la imagen de proveer un nido, de dar calor y seguridad, y de cuidarla tiernamente como algo frágil y precioso.

Nuestra sociedad lo tiene del revés. Se presiona a las mujeres a que sean duras e independientes, y se hace a los hombres débiles y afeminados. Se alienta a las mujeres a dejar el hogar y a esforzarse por lograr el éxito en el mundo de los negocios, y a los hombres se les reprocha que sean excesivamente protectores. Muchas mujeres llegan realmente a resentirse contra la idea de que los maridos deban sustentar y cuidar a sus mujeres, pero este es un claro mandamiento bíblico. Así es como Dios ha ordenado la familia.

La esposa no es llamada a ser quien dé el sustento. No le ha sido asignado el papel de abastecedora. Esto es responsabilidad del marido. Y si un hombre no provee para su familia, según 1 Timoteo 5:8, "ha negado la fe, y es peor que un incrédulo".

Maridos y padres, nosotros somos los sustentadores y protectores de nuestras esposas y de nuestros hijos. Cuando sus necesidades son satisfechas, y cuidamos de ellas como cuidaríamos de nosotros mismos, entonces mostramos la clase de amor solícito que Dios quiere que derramemos sobre nuestras familias.

Es un amor permanente

El amor del marido debe ser también un amor inquebrantable. Debe perseverar a pesar de todas las pruebas y de todos los obstáculos. Dios mismo ha diseñado así el matrimonio: "Por esto dejará el hombre a su padre y a su madre, y se unirá a su mujer, y los dos serán una sola carne" (Gn. 2:24; Ef. 5:31). Cristo recalcó la permanencia de esta unión: "Así que ya no son más dos, sino una sola carne; por tanto, lo que Dios juntó, no lo separe el hombre" (Mt. 19:6).

La unión matrimonial es fundamentalmente una unión *física:* "Los dos serán una sola carne". Esto se refiere, claro está, a la unión sexual entre marido y mujer. Y los frutos de esta unión, sus hijos, llevan la pauta genética de dos personas que han venido a ser una carne. Es una de las maravillas más asombrosas de la creación de Dios. Comienza con la unión física de marido y mujer. La vida del hombre se une a la vida de la mujer, y en la intimidad de esta relación física, los dos devienen una carne. Esta es una unión tan sagrada que el apóstol Pablo advierte a los Corintios de los peligros de corromperla con la promiscuidad: "¿O no sabéis que el que se une con una ramera, es un cuerpo con ella?" (1 Co. 6:16). Violar el matrimonio de esta manera no solo corrompe la unión entre marido y mujer; también contamina la unión entre Cristo y el cristiano. "¿Quitaré, pues, los miembros de Cristo y los haré miembros de una ramera? De ningún modo" (v. 15).

Pero más allá de la unión física de marido y mujer, es también una unión *espiritual. Dios* los ha unido (Mt. 19:6). La unión matrimonial engloba todos los aspectos de la vida: las emociones, el intelecto, el cuerpo, las personalidades, los gustos y las aversiones, el culto, el servicio, la vida privada, y la vida pública. Todas estas cosas son compartidas por el marido y la mujer. Los dos devienen uno de una manera inexplicable e íntima. Este es el designio de Dios para el matrimonio.

En cierto sentido, incluso la identidad individual se pierde cuando los dos devienen uno. Son como una nueva persona, entremezclados con un socio de por vida, apegados el uno al otro, participando el uno con el otro, unidos de manera inextricable por Dios mismo. Esta es la razón por la que "Jehová Dios de Israel ha dicho que él aborrece el repudio" (Mal. 2:16).

Ahora volvamos a contemplar lo que Pablo dice sobre el matrimonio en Efesios 5:31: "Por esto dejará el hombre a su padre y a su madre, y se unirá a su mujer". Las palabras clave son "dejará" y "se unirá".

Dejar. La palabra griega traducida "dejará" en Efesios 5:31 es *kataleipø*, una verbo intensificado que significa "dejar atrás", o "abandonar totalmente". Hay un desligamiento vital de la relación padre-hijo que ha de tener lugar cuando una pareja se casa. Naturalmente, el matrimonio no pone un fin definitivo a la relación con los padres. Tampoco elimina la responsabilidad del hijo de honrar a padre y madre. Pero sí que quita al hijo de debajo de la cadena de autoridad directa del padre y de la madre, y establece un hogar totalmente nuevo con una nueva cabeza. El nuevo marido pasa a ser cabeza de la esposa. La pareja casada ya no son más hijos bajo la directa supervisión de los padres, y los padres ya no son directamente responsables de ellos. Dejar a padre y madre es una parte esencial de cada matrimonio. Cuando las parejas jóvenes tratan de "unirse" pero descuidan el "dejar", esto crea el caos en el joven matrimonio.

Unir. La palabra traducida "se unirá" es *proskollaø*, que literalmente significa "ser encolado a". La unidad inicial de la unión física incluye una unidad de mente, una unidad de propósito, una unidad de corazón y una unidad de emoción. Tras haber dejado a sus padres, quebrando un vínculo increíblemente seguro, ahora se unen entre sí para formar una nueva unión que en el plan de Dios se supone inquebrantable.

EL MOTIVO DEL AMOR

El *significado* del amor se recapitula en la palabra "sujeción". La *manera* del amor es "sacrificio"; definido mediante el amor abnegado de Cristo por su iglesia. ¿Cuál es el *motivo* del amor del marido hacia su mujer?

"Grande es este misterio", escribe Pablo, "mas yo digo esto respecto de Cristo y de la iglesia. Por lo demás, cada uno de vosotros ame también a su mujer como a sí mismo; y la mujer respete a su marido" (Ef. 5:32-33). Aquí tenemos el motivo: la *sacralidad* del amor.

El matrimonio es una imagen de Cristo y de la iglesia. Es un misterio sagrado. De hecho, la sacralidad de la iglesia de Cristo va ligada a la sacralidad del matrimonio. Cristo es el Esposo celestial y la Iglesia es su esposa (Ap. 21:9). El matrimonio es ilustración de esta unión. El marido es llamado a ser semejante a Cristo en su amor para su esposa porque protege la sacralidad de la divina lección objetiva. Por tanto, el marido cristiano exhibe lo que piensa de Cristo con la manera en que trata a su esposa. Y el matrimonio mismo es una institución sagrada debido a lo que la misma ilustra.

Este es el mejor motivo en que puedo pensar por el que un marido deba amar a su mujer. Su amor a ella honra a Cristo. La forma en que él la trate es un testimonio no solo a la mujer, sino también ante el mundo en general acerca del amor de Cristo por su pueblo. El marido que comprende este sagrado misterio se deleitará en amar, purificar, proteger, y sustentar a su esposa. Y esta sagrada unión es el fundamento en base del que los padres sustentan y alientan a sus hijos hacia la madurez.

OCHO

El papel de la madre

Las casadas estén sujetas a sus propios maridos, como al Señor.
—EFESIOS 5:22

Ya desde época tan temprana como el capítulo cuatro de Génesis, la familia, la primera institución establecida por Dios, es objeto de ataque. El primer hijo nacido, Caín, al crecer dio muerte a su hermano menor Abel. Y para el final del libro de Génesis, la crónica de la humanidad primitiva parece un *Quién es Quién* de las familias disfuncionales.

La primera familia no solo quedó desgarrada por una rivalidad entre hermanos, sino que en las generaciones que han seguido, prácticamente toda la progenie de esta familia ha descendido a mayor pecado con una alarmante celeridad. La línea de la familia de Caín queda registrada en la segunda mitad de Génesis 4. Allí nos encontramos con Lamec, evidentemente el primer polígamo, que mató a alguien y que luego escribió un jactancioso poema acerca de ello mismo para una de sus mujeres. En Génesis 5 se prosigue con el registro del linaje de Adán. Aquí nos encontramos por primera vez con Noé, el patriarca de la única familia que Dios preservó cuando destruyó todo el mundo debido a la desenfrenada carrera de la humanidad en pos de la maldad.

Pero incluso la familia de Noé no es un modelo de valores familiares. Génesis 9 nos cuenta cómo Noé se embriagó. Mientras estaba en el estupor de la embriaguez, Cam, uno de sus hijos, descubrió la desnudez de Noé y se jactó de ello ante sus hermanos. La respuesta de Noé fue maldecir a Cam y a su descendencia. A la descendencia del mismo Noé tampoco le fueron muy bien las cosas. Todas las naciones que procedieron de ellos pronto adoptaron todos los elementos del paganismo. La poligamia, la lujuria, el adulterio, el incesto y una multitud de otras abominaciones siguieron dominando a la familia humana. De hecho, los mismos pecados que habían corrompido a la humanidad antes del Diluvio prosiguieron sin mitigación. (Cp. Gn. 6:5 con 8:21.) Antes de mucho tiempo, Dios volvió a juzgar el mundo, esta vez confundiendo las lenguas en Babel.

Entonces Dios llamó a Abraham. Él es el dechado de la fe, pero su vida familiar no es modélica. Él y su esposa Sara intentaron tener descendencia por medio de una unión sexual ilícita entre Abraham y la criada de Sara, Agar. El hijo conseguido mediante esta unión fue Ismael, que compitió con su medio hermano Isaac por el afecto de Abraham y desgarró la familia. Los hijos mellizos de Isaac, Esaú y Jacob, llegaron a ser acerbos rivales, dividiendo también aquella generación de la familia. En la siguiente generación, los hijos mayores de Jacob vendieron a su hermano más joven, José, como esclavo, y mintieron a su padre acerca de ello. Sin excepción, cada generación en Génesis tuvo su parte de problemas familiares. Pero Dios es fiel. Pasando de una turbulenta generación a otra, mantuvo sin embargo viva la línea de la promesa mesiánica, no debido a cómo eran las familias, sino a pesar de ello.

El comienzo y el final de Génesis forman un interesante contraste. El libro comienza con las palabras "En el principio Dios…" (1:1), pero acaba con las palabras "…en un ataúd en Egipto" (50:26). El capítulo inicial de Génesis tiene que ver todo él con la creación; el capítulo final tiene que ver todo él con muerte. Al principio, Adán es situado en un hermoso huerto circundado de vida y de bendiciones divinas. Al final, el cuerpo de Jacob es sepultado en una cueva con los cuerpos de Abraham, Sara, Isaac, Rebeca y Lea. Y la familia en la que se perpetuaba el linaje mesiánico estaba en Egipto.

Génesis es todo él acerca de cómo el pecado destruye lo que Dios había creado como bueno. Y uno de los temas que se mantiene de la manera más clara al leer acerca del declive de la humanidad es el horrible tributo que el pecado impone a la institución de la familia. Desde el momento en que Adán pecó y manchó toda la raza con corrupción hasta nuestro tiempo presente, las familias se han debatido bajo su peso.

De hecho, los problemas familiares son inherentes en la maldición del pecado de Adán. Dios dirigió este aspecto de la maldición a Eva: "A la mujer dijo: Multiplicaré en gran manera los dolores en tus preñeces; con dolor darás a luz a los hijos; *y tu deseo será para tu marido, y él se enseñoreará de ti*" (Gn. 3:16, cursivas añadidas). Además del dolor exacerbado del parto, la mujer tendría que soportar la frustración de una lucha perpetua entre ella y su marido en la relación matrimonial. Comparemos la anterior frase destacada de Génesis 3:16 con una expresión similar en Génesis 4:7, que usa unas palabras idénticas y una gramática idéntica tanto en hebreo como en castellano: "El pecado está a la puerta; con todo esto, *a ti será su deseo, y tú te enseñorearás de él*" (cursivas añadidas).

El "deseo" al que se hace referencia en Génesis 3:16 no es el deseo sexual o emocional de la mujer por su marido. Es un deseo ilícito de usurpar su posición de cabeza. Es exactamente como el deseo del pecado de dominarnos, descrito precisamente con las mismas palabras en 4:7. La palabra hebrea traducida "deseo" en ambos versículos es *teshuqah,* que está entroncada con una raíz árabe que significa "obligar; intentar controlar".

Además, la palabra para "gobernar" tanto en 3:16 como en 4:7 es un término diferente de las palabras hebreas usadas en Génesis 1:28 donde Dios manda al principio a Adán que "sojuzgue" la tierra y "señoree" sobre ella. Adán recibió un dominio legítimo sobre su mujer; pero bajo el pecado él corrompería aquel dominio llevándolo a un poder totalmente diferente, despótico. Comparemos de nuevo los dos pasajes. En Génesis 4:7 Dios advierte a Caín de que el pecado quería conseguir el dominio sobre él, pero que él debería emprender más bien dominar el pecado. Empleando una expresión paralela en Génesis 3:16, el Señor estaba advirtiendo a Eva de que una de las amargas consecuencias de su pecado sería una perpetua contienda con su marido. Ella trataría de usurpar la autoridad que le pertenecía a él. Y él reaccionaría intentando imponer un dominio despótico, autoritario sobre ella que la anularía de una manera que Dios nunca había querido.

Vemos estas mismas consecuencias actuando en el fracaso de millones de familias precisamente en nuestros días. Las mujeres intentan asumir el mando y subvertir el orden divino en el hogar; y los hombres responden con una autoridad dominante y tiránica que Dios nunca les otorgó.

En otras palabras, los conflictos entre maridos y mujeres son un fruto de la caída de la humanidad. Esto es verdad precisamente en el mismo sentido en que la mala conducta de un niño es una exhibición de la depravación del niño. Podrías preguntarte: "¿Qué posibilidades de éxito tiene entonces el matrimonio?" La respuesta es: "Pocas", especialmente para personas sin Cristo.

La institución del matrimonio se enfrenta en la actualidad con un peligro concreto con la ascendencia del movimiento feminista. Muchas feministas radicales han hecho llamamientos abiertos en pro de la abolición del matrimonio como institución. Por ejemplo, un documento que sirvió para dar forma al moderno programa feminista fue llamado "Una declaración del feminismo". Incluía esta declaración: "El matrimonio ha existido para beneficio de los hombres y ha sido un método legalmente sancionado de control de las mujeres. El fin de la institución del matrimonio es una condición necesaria para la liberación de la mujer. Por ello, es importante para nosotras alentar a las mujeres a abandonar a sus maridos y a no vivir individualmente con hombres. Ahora sabemos que es la institución del matrimonio la que nos ha perjudicado, y debemos trabajar para destruirla".

La mayor parte de las feministas son más sutiles que esto, claro. En lugar de reclamar la abolición del matrimonio *en sí,* sencillamente niegan el deber de la esposa de sujetarse a su marido. Impulsadas por el mismo deseo de usurpar la autoridad de sus maridos inherente en la maldición de Génesis 3:16, no se conforman con la igualdad *espiritual* que la Biblia declara entre marido y mujer. Están decididas a erradicar totalmente del matrimonio, la autoridad y la sujeción. En tanto que este objetivo puede sonar a meramente igualitario y equitativo, es en realidad una receta para el caos al nivel más fundamental. Mina la cohesión de la unidad familiar al establecer la anarquía, sin nadie como dirigente y con todos haciendo lo que mejor les plazca. La subversión de las líneas bíblicas de autoridad en una familia no elimina los conflictos: los multiplica.

Como ya hemos hecho notar en el capítulo anterior, hay un verdadero sentido en el que maridos y mujeres, y por lo que a esto respecta, todos los creyentes, deben someterse unos a otros (Ef. 5:21). Hay también una igualdad espiritual de maridos y mujeres en el matrimonio. Son "coherederos de la gracia de la vida" (1 P. 3:7). En el Cuerpo de Cristo "no hay judío ni griego; no hay esclavo ni libre; no hay varón ni mujer; porque todos vosotros sois uno en Cristo Jesús" (Gá. 3:28). De modo que hay una clase de igualdad que pone a marido y mujer en un mismo plano ante Dios.

Pero esta igualdad espiritual no elimina la necesidad de una estructura de autoridad en la familia. De modo que la Biblia hace inequívoca la disposición: "Las casadas estén sujetas a sus propios maridos, como al Señor; porque el marido es cabeza de la mujer, así como Cristo es cabeza de la iglesia" (Ef. 5:22-23).

El marido, así, recibe la posición de autoridad en el matrimonio, y la esposa tiene el mandamiento de seguir su liderazgo. De una manera similar, el padre y la madre reciben la autoridad en la familia, y los hijos reciben el mandamiento de sujetarse a ella. *Existe* una verdadera igualdad espiritual de todas las partes. La esposa puede ser intelectualmente igual o más sabia que su marido. Los hijos puede que tengan dotes y talentos iguales o superiores a los de sus padres. Pero estas clases de igualdad no anulan las importantes diferencias que Dios ha establecido entre los papeles. La Biblia es ineludiblemente clara respecto a esto: Una cierta autoridad, a la que acompaña una responsabilidad correspondiente, va intrínsecamente unida al papel apropiado del marido. Y la mujer debe sujetarse a esta autoridad.

Tal como hemos visto en el anterior capítulo, la responsabilidad del marido incluye el deber de abastecer, proteger, abrigar, sustentar y cuidar a su familia, y a su esposa en particular. Junto con esta responsabilidad viene una autoridad a la que la esposa tiene el mandamiento de sujetarse. La medida superior de responsabilidad y la medida superior de autoridad están completamente unidas. El marido debe asumir la responsabilidad de proveer para la familia, y junto con esta responsabilidad viene la autoridad para tomar decisiones acerca de la administración de las finanzas de la familia. Si es su deber proteger a la familia y proveerles de un lugar donde vivir, debe también recibir autoridad en todas las decisiones relacionadas con estas cuestiones.

No hay nada que prohíba a un hombre que busque el consejo de su esposa en cuestiones acerca de dónde debiera vivir la familia, qué oferta de trabajo debería aceptar, si la familia debería participar en aquella o la otra actividad, o una multitud de otras decisiones similares. De hecho, el hombre que *no* esté interesado en la opinión de su esposa en estas cuestiones es un marido insensato y desconsiderado. Pero las decisiones finales son en último término prerrogativa del marido, porque él es quien será responsable ante Dios por la administración de su familia.

La esposa tiene mandamiento de sujetarse. Esto es tan fundamental por lo que respecta a los deberes de la esposa, que el apóstol Pablo lo destaca como una de las lecciones fundamentales que las ancianas de la iglesia han de enseñar a las jóvenes: "Que enseñen a las mujeres jóvenes a amar a sus maridos y a sus hijos, a ser prudentes, castas, cuidadosas de su casa, buenas, sujetas a sus maridos, para que la palabra de Dios no sea blasfemada" (Tit. 2:4-5).

Colosenses 3:18 abunda en la misma idea: "Casadas, estad sujetas a vuestros maridos, como conviene en el Señor". Aquí, el apóstol pone en claro que no se trata de una preferencia cultural; se trata de un mandamiento del mismo Dios. La sujeción de la esposa es "como *conviene* en el Señor". El término griego traducido "conviene" es *aneko,* que se refiere a algo apropiado, idóneo. Pablo usa esta palabra solo otras dos veces en sus epístolas. Una es Efesios 5:4, donde dice que las palabras deshonestas y las necedades y truhanerías son cosas "que no convienen" (*aneko*) a los santos. La otra es en Filemón 8, donde le dice a Filemón que tiene autoridad para mandarle "lo que conviene" (*aneko*). En cada caso, emplea el término bien acerca de mandar obediencia a "lo que conviene", o para prohibir la práctica de lo que "no conviene". Así, en términos paulinos, decir que algo "conviene" (*aneko*) es equivalente a declarar que se trata de un principio vinculante de la ley moral de Dios.

El deber de la mujer de someterse a su marido, por tanto, no es algo facultativo. La sujeción de la mujer es un aspecto imperativo de su papel como esposa y madre. Y violar o abandonar este principio significa minar el fundamento mismo de su propia familia. Proverbios 14:1 dice: "La mujer sabia edifica su casa; mas la necia con sus manos la derriba". Y una de las maneras más seguras de derribar una casa es abandonar la estructura de autoridad que Dios ha establecido para la familia.

Ahora debemos hacer frente a este tema con franqueza: incluso muchos cristianos se sienten perplejos acerca de cómo se supone que ha de funcionar el equilibrio autoridad-sujeción en el matrimonio. ¿Acaso no hay límites en el deber de la esposa de sujetarse? ¿Y qué si el marido no es cristiano? ¿Acaso este mandamiento de sujetarse no hace de la mujer una ciudadana de segunda clase? ¿Significa esto que todas las mujeres deben sujetarse a los hombres como clase?

Consideremos más a fondo esta cuestión examinando algunas de las cuestiones fundamentales de la sujeción de la esposa.

¿A QUIÉN SE SUJETA ELLA?

En primer lugar, ¿a quién de sujetarse una mujer? ¿Se supone acaso que cada mujer debe someterse a todos los hombres? ¿Están las mujeres como clase bajo la autoridad de los hombres?

La Biblia habla muy claro acerca de todo esto: "Las casadas estén sujetas *a sus propios maridos* ...Así que, como la iglesia está sujeta a Cristo, así también las casadas lo estén *a sus maridos*" (Ef. 5:22, 24, cursivas añadidas). La misma frase se repite prácticamente en cada versículo que manda a las esposas que obedezcan: "Casadas, estad sujetas *a vuestros maridos*" (Col. 3:18). Las ancianas deberían enseñar a las jóvenes a "a ser... sujetas *a sus maridos*" (Tit. 2:5). "Asimismo vosotras, mujeres, estad sujetas *a vuestros maridos*. ...Porque así también se ataviaban en otro tiempo aquellas santas mujeres que esperaban en Dios, estando sujetas *a sus maridos*" (1 P. 3:1, 5, cursivas añadidas en todas las citas precedentes).

Una y otra vez la Biblia destaca este principio. Las casadas deben sujetarse *a sus propios maridos*. Mi mujer no tiene ningún deber de someterse a ningún otro hombre simplemente porque sea hombre y ella sea mujer. Si algún hombre piensa que su condición masculina le da una autoridad inherente sobre todas las mujeres como clase, ha comprendido mal la Biblia.

De hecho, la única otra institución fuera del matrimonio donde Dios limita expresamente la jerarquía al liderazgo masculino es la iglesia. Los varones, no las mujeres, deben tener la autoridad en la enseñanza y administración en la iglesia. Pablo dice: "La mujer aprenda en silencio, con toda sujeción. Porque no permito a la mujer enseñar, ni ejercer dominio sobre el hombre, sino estar en silencio" (1 Ti. 2:11-12). El contexto de este versículo muestra que se refiere a las funciones de liderazgo en la iglesia. Pablo dice que en la iglesia las mujeres no deben asumir funciones de enseñanza que impliquen enseñar a varones, y que no se les permite mantener posiciones de autoridad administrativa sobre hombres. Sigue con el tema del liderazgo en la iglesia en los versículos que siguen inmediatamente, dando los requisitos para los cargos en la iglesia. Al delinear esos requisitos, pone en claro que los ancianos y diáconos han de ser *hombres* fieles (1 Ti. 3:1-13). Luego, en 1 Corintios 14:34-35, escribe: "Vuestras mujeres callen en las congregaciones; porque no les es permitido hablar, sino que estén sujetas, como también la ley lo dice. Y si quieren aprender algo, pregunten en casa a sus maridos; porque es indecoroso que una mujer hable en la congregación". Allí donde la Biblia habla de funciones de liderazgo en la iglesia, presenta el liderazgo eclesial como una función masculina.

Pero nada en las Escrituras sugiere siquiera que cada mujer deba sujetarse a cada hombre en cada situación. En el contexto de la iglesia, las mujeres son llamadas a sujetarse a los hombres bajo cuya supervisión Dios ha puesto a la iglesia. Pero observemos que otros hombres de la iglesia *también* tienen el mandamiento de sujetarse a los pastores del rebaño (He. 13:17). En ningún lugar manda la Biblia a la mujer que trate a cada hombre de la iglesia como si tuviera autoridad sobre ella. Y en ningún lugar da la Biblia a los hombres como clase ninguna autoridad sobre mujeres que no sean sus propias esposas. Una mujer tiene que sujetarse solo a aquellos hombres que tengan una autoridad legítima sobre ella. En el contexto de la iglesia, serían los ancianos. En el contexto del matrimonio y de la vida de familia, es *"su propio marido"*.

Recuerda, la responsabilidad del marido de sustentar y cuidar a su esposa es lo que justifica su autoridad sobre ella. Los hombres que no tengan dicha responsabilidad por el bien de una mujer no tienen derecho a pretender autoridad alguna sobre ella sencillamente porque ellos sean varones.

Incluso los ancianos de una iglesia no tienen autoridad para entrometerse en la familia e imponer su autoridad sobre una mujer en el contexto de su vida hogareña y familiar (excepto que se vea involucrada en alguna clara violación de la Biblia que demande la clase de disciplina prescrita en Mateo 18). Los ancianos no tienen autoridad intrínseca para tomar decisiones acerca de los miembros de la iglesia, ni derecho alguno a mandarles acerca de cuestiones extrabíblicas en sus vidas privadas. Su autoridad se extiende al ministerio de la iglesia y a la enseñanza y aplicación de la Palabra de Dios. No tienen jurisdicción alguna sobre las cuestiones privadas de los miembros de la grey. De hecho, observemos que Pablo dice que si las mujeres tienen preguntas que hacer sobre la enseñanza de la iglesia, "pregunten en casa a sus maridos" (1 Co. 14:35). De modo que incluso la tarea de dar respuesta a las preguntas espirituales de una mujer es ante todo el deber de *su propio marido,* no la prerrogativa automática de los ancianos de su iglesia.

Una de las grandes desventajas de una esposa en el mundo laboral a dedicación total es esta: A menudo se ve obligada a sujetarse a otros hombres aparte de su propio marido. El orden prescrito de Dios se ve subvertido. Se hacen inevitables los choques entre la figura de autoridad de la mujer en el trabajo y su marido en casa. Muchos jefes no sienten escrúpulo alguno en mandar a una mujer en el mundo laboral que sacrifique sus prioridades domésticas. Esto es especialmente cierto si la carrera profesional de la mujer implica viajar. Es sacada del hogar, quitada del cuidado y de la autoridad de su marido, y puesta bajo una cadena totalmente distinta de autoridad. Así, a la mayoría de las mujeres que desempeñan profesiones se les hace prácticamente imposible cumplir el mandamiento de ser "cuidadosas de su casa" (Tit. 2:5).

Las madres en particular pagan un elevado precio cuando dejan el hogar para seguir una profesión. No solo se salen del papel que Dios ha dispuesto para las esposas, sino que a menudo deben abandonar su función más crucial como cuidadoras principales de sus propios hijos. Creo que uno de los mayores errores que puede cometer una madre es sacrificar el tiempo con sus propios hijos por causa de desempeñar una profesión.

Me doy cuenta de que ésas no son opiniones populares a comienzos del siglo veintiuno. Pero me siento constreñido a enseñar lo que dice la Palabra de Dios. La Biblia presenta a la mujer ideal como cuidadora de su casa, sujeta a su propio marido, no una mujer de carrera que deja a su familia en segundo lugar.

La esposa trabajadora independiente ha llegado a ser el símbolo primordial de la rebelión de la mujer contra el orden de Dios. En los Estados Unidos, más del 50 por ciento de todas las mujeres están ahora en el mundo laboral. La cantidad excede ahora los cincuenta millones de madres trabajadoras. Y la mayoría de ellas tienen niños de edad escolar (o más pequeños). Dos de cada tres niños con edades de los tres a los cinco años pasan ahora parte del día fuera de su casa. Sus madres han abdicado de la función materna en favor de una profesión o de metas personales.

El gobierno de los Estados Unidos ofrece ahora exenciones tributarias por el cuidado de los niños, para que las madres puedan salir a trabajar. El resultado de esto sobre los matrimonios y familias de la nación ha sido totalmente devastador. Esas madres, en realidad, han abandonado sus hogares. Se han apartado de la tutela de "sus propios maridos", y están luchando por su independencia en el puesto de trabajo. En todo ello, muchas han abandonado literalmente su hogar, a sus hijos y a su marido en todos los sentidos, optando por el divorcio cuando se exacerban los conflictos entre la profesión y la familia.

Me es necesario identificar también el síndrome de la madre trabajadora como una de las razones más importantes por la que tantos padres y madres actuales sienten desorientación acerca de cómo criar a sus hijos. Tras haber abandonado algo tan fundamental como el orden de Dios para el hogar, ¿cómo pueden tener la esperanza de encontrar *ningún* método de crianza que resulte efectivo?

Cuando una madre abandona el orden divino, toda la familia padece las consecuencias. El designio de Dios para la mujer es que se quede en el hogar; que se sujete a su marido, que cuide de sus hijos, y que preste atención a las necesidades de su propia casa. Las madres que quieran serlo de manera efectiva no pueden abandonar esas tareas y esperar la bendición del Señor en la crianza de sus hijos. Ser madre no es una tarea a dedicación parcial. No se puede tratar como un aspecto secundario. La madre, más aún que el padre, debe dedicarse totalmente a la crianza de los hijos. El hogar es su ámbito.

Algunos protestan que esto convierte a la mujer en una ciudadana de segunda clase, excluida del mundo laboral, cortada de toda influencia, incapaz de imprimir su marca sobre el mundo. Pero la Biblia dice lo contrario. La mayor influencia de una mujer se manifiesta a través de sus hijos. Ella es la que más influye sobre ellos, más incluso que el padre, debido a su constante presencia en el hogar. Es rescatada de cualquier posición secundaria gracias a esta elevada función.

Creo que esto es precisamente lo que el apóstol Pablo quería decir en 1 Timoteo 2:13-15: "Porque Adán fue formado primero, después Eva; y Adán no fue engañado, sino que la mujer, siendo engañada, incurrió en transgresión. Pero se salvará engendrando hijos, si permaneciere en fe, amor y santificación, con modestia". En otras palabras, el varón fue creado primero, pero la mujer cayó primero en pecado. Su único primado fue la desventura. Ahora, debido a la maldición, tiende a ser relegada a un papel subordinado bajo un liderazgo de tipo tiránico. Sin embargo, se recobra de la ignominia de esta situación, y del estigma de haber llevado a la raza al pecado, mediante su función e influencia como madre que dirige a sus hijos a la rectitud.

Ser madre no es en absoluto algo secundario. Los hombres puede que tengan la *autoridad* en el hogar, pero las mujeres tienen la *influencia*. La madre, más que el padre, es quien moldea y conforma esas pequeñas vidas de día en día. Los lleva en su propio corazón y los alimenta desde los primeros momentos de sus vidas. Al ir creciendo, ella es la que está allí la mayor parte del tiempo, vendando sus pequeñas heridas y conduciéndolos a través de las cuestiones de la vida, día tras día. Y el padre generalmente aparece después de su jornada laboral para pontificar y dar órdenes. O puede que juegue con los niños y que les enseñe cosas, y que los discipline cuando lo necesitan, e incluso que se gane sus afectos en todo ello. Pero difícilmente tendrá el mismo lugar en sus corazones que Mamá. ¿No has visto nunca a un fornido defensa del fútbol americano en la banda, cuando sabe que está a la vista de la cámara? Inevitablemente hará un gesto con la mano y dirá: "¡Hola, mamá!" Lo he visto mil veces, pero nunca he visto a ninguno decir: "¡Hola, papá!" Conozco a entrenadores que me dicen que nunca contratan jugadores: contratan a sus madres. Si le caes bien a la madre, fantástico. Nadie más, ni siquiera el padre, tiene esta influencia.

Madres, no dejéis que nadie os engañe en el sentido de que haya nada innoble o trágico acerca de quedarse en casa y criar a vuestra familia. No os dejéis llevar por la mentira de que estáis reprimidas si sois trabajadoras en casa en lugar de estar en el mundo laboral. Dedicarte totalmente a tu papel de esposa y madre no es represión; es la verdadera liberación. Multitudes de mujeres han seguido la mentira del mundo, se han puesto un elegante traje de chaqueta, han tomado un maletín, han dejado a sus hijos para que los críe alguna otra persona, y se han introducido en el mundo del trabajo, solo para darse cuenta quince años después que ellas y sus hijos tienen un gran vacío en sus corazones. Muchas de estas mujeres profesionales dicen ahora que desearían haberse dedicado a la maternidad y al hogar.

"Cuidadosas de su casa" es el papel que Dios dispuso como función de las esposas (Tit. 2:5; Pr. 31). Él ha mandado a las esposas y madres que se sujeten a sus propios maridos, en lugar de ponerse bajo la autoridad de otros fuera del hogar. Es ahí, bajo la autoridad de su propio marido, que florece la mujer verdaderamente piadosa. Ahí es donde encuentra su mayor gozo. Y ahí es donde tiene su mayor influencia.

¿POR QUÉ SE SUJETA?

¿Por qué deben sujetarse las mujeres a sus maridos? "Porque el marido es cabeza de la mujer, así como Cristo es cabeza de la iglesia, la cual es su cuerpo, y él es su Salvador" (Ef. 5:23). Como vimos en el capítulo anterior, el matrimonio es una imagen, una lección objetiva, acerca de Cristo y de la iglesia. Así como Cristo es cabeza de la iglesia, del mismo modo el marido es cabeza de la esposa.

Así, el orden en el matrimonio constituye un emblema sagrado. Una mujer que rehúsa sujetarse a su marido corrompe el significado de la institución divina.

Además, la sujeción de la mujer a su marido se establece en el orden de la creación; está en el orden natural y apropiado de las cosas. El apóstol Pablo, al llamar a las mujeres a exhibir actitudes de sujeción en el culto público, escribió: "Porque el varón no procede de la mujer, sino la mujer del varón, y tampoco el varón fue creado por causa de la mujer, sino la mujer por causa del varón" (1 Co. 11:8-9). En 1 Timoteo 2:13 emplea un argumento similar: "Porque Adán fue formado primero, después Eva". Este es el argumento: Eva fue creada para ser una ayuda para Adán; para serle compañera, para apoyarlo y alentarlo, para trabajar junto a él. Ella fue creada con el propósito expreso de ser su esposa y ayuda idónea, no para que se lanzara a empresas con independencia de él.

Y hasta el día de hoy, la función de la mujer en la relación matrimonial tiene el designio de cumplir los mismos propósitos. ¿Por qué? Porque Eva fue el don de Dios en gracia a Adán. Su función como esposa era una prenda de la maravillosa gracia de Dios para el hombre. E incluso hasta el día de hoy, la sujeción de una mujer a su marido constituye una maravillosa expresión de la gracia divina. Si ella abandona este puesto, es como si robase la gracia de Dios a su familia.

Pero Dios ha dispuesto que los varones y las mujeres hallen su mayor satisfacción en la obediencia a las funciones que en su soberanía ha dispuesto para ellos y ellas. En otras palabras, el orden de Dios en el hogar refleja sus propósitos *en gracia,* no algún designio siniestro para oprimir a las mujeres.

¿CÓMO SE SUJETA?

¿Cómo se sujeta la esposa? "Así que, como la iglesia está sujeta a Cristo, así también las casadas lo estén a sus maridos en todo" (Ef. 5:24). Esto establece una norma muy elevada para la sujeción de la esposa. Ella debe sujetarse a su marido como la iglesia se sujeta a Cristo.

¿Cómo se sujeta la iglesia a Cristo? Con amor a Él como motivo primordial detrás de toda obediencia. Este versículo no pone al marido en el papel de Dios, ni a las esposas como miserables esclavas. La esposa no es el lacayo del marido, como tampoco ha dispuesto Cristo que la iglesia se estremezca y arrastre ante Él. Más bien, lo que esto demanda es un corazón bien dispuesto, conforme. Desde luego, queda excluida la orgullosa rebelión y el altivo desafío. Pero también significa que la esposa no debería amoldarse de mala gana ni con un espíritu amargado. Debería seguir a su marido debido al profundo amor que siente por él, así como la iglesia sigue a Cristo por amor a él.

Además, debería obedecer porque él es su cabeza, así como Cristo es cabeza de la iglesia. La cabeza da dirección, y el cuerpo responde por naturaleza. Cuando un cuerpo físico no responde correctamente a su propia cabeza, el resultado es bien una parálisis incapacitante o ataques descontrolados. De cualquier modo, es debilitador para el cuerpo. Del mismo modo, una esposa que no responda a la dirección de la cabeza menoscaba su propia capacidad para funcionar de manera correcta.

Pero la sujeción no significa que la esposa deba perder su propia personalidad. No significa que se vuelva un robot. No significa que se deba volver floja, estática y monótona. No significa que siempre tenga que callarse sus opiniones. Pero significa que en lo íntimo de su corazón debería haber aquel "espíritu afable y apacible, que es de grande estima delante de Dios" (1 P. 3:4). La esposa que de manera bien dispuesta y amante responde a la dirección de su esposo con un espíritu así, honra a su Señor, a su marido, a sus hijos, a su iglesia y a sí misma.

¿HASTA DÓNDE SE SUJETA?

Finalmente, ¿hasta dónde debe sujetarse la mujer? "Como la iglesia está sujeta a Cristo, así también las casadas lo estén a sus maridos *en todo*" (Ef. 5:24, cursivas añadidas). La autoridad en el hogar no se reparte entre marido y mujer. Las cuestiones familiares no se reparten en categorías y se dividen, de modo que el marido tenga autoridad en el área de las finanzas y la mujer tome las decisiones tocante a los hijos. La esposa *sí tiene* una cierta autoridad sobre los hijos, naturalmente, pero en último término incluso en esto ella debe sujetarse a su marido. La autoridad última se la ha asignado Dios a él. Él tiene desde luego toda libertad para consultar con su mujer, para delegar ciertas tareas y decisiones a ella, y para confiar en sus instintos o preferencias cuando él así lo prefiera. Pero la autoridad real pertenece al marido. Es él quien dará cuenta a Dios de la administración de la familia.

La única limitación de la autoridad del marido queda sugerida por el principio de Colosenses 3:18: "Casadas, estad sujetas a vuestros maridos, *como conviene en el Señor*". Si en cualquier punto la autoridad del marido no "conviene" (en el sentido en que el apóstol emplea esta palabra), la esposa no está obligada a sujetarse. Antes, ya hemos observado que el apóstol Pablo usa repetidamente la palabra traducida "conviene" (*aneko*) para describir lo que es moralmente vinculante, y que "no conviene" define aquello que Dios prohíbe. De modo que si un marido intenta emplear su autoridad para mandar a la esposa algo contrario a la Palabra revelada de Dios, en aquel punto ha rebasado los límites de su autoridad, y la esposa no tiene siquiera *permitido* obedecerle. Este mismo principio se aplica a *todas* las formas de autoridad: "Es necesario obedecer a Dios antes que a los hombres" (Hch. 5:29).

Puedes recordar, por ejemplo, un incidente en el libro de Ester donde la reina Vasti rehusó danzar un baile lascivo ante una multitud de borrachos (Est. 1:12). Tuvo razón en rehusar.

¿Y qué de un marido que sea desobediente a las cosas de Dios e indiferente respecto a Jesucristo? A no ser que mande a su esposa a desobedecer a Dios, ella debería siempre obedecerle en todo.

¿Y qué si es desagradable y brusco? ¿Y si no es ni bueno ni gentil? ¿Debería ella también sujetarse a él? De hecho, sí debería. En realidad, si lo quiere ganar para el Señor, su obediencia es totalmente esencial. El apóstol Pedro trata precisamente esta cuestión en 1 Pedro 3:1-5.

Asimismo vosotras, mujeres, estad sujetas a vuestros maridos; para que también los que no creen a la palabra, sean ganados sin palabra por la conducta de sus esposas, considerando vuestra conducta casta y respetuosa. Vuestro atavío no sea el externo de peinados ostentosos, de adornos de oro o de vestidos lujosos, sino el interno, el del corazón, en el incorruptible ornato de un espíritu afable y apacible, que es de grande estima delante de Dios. Porque así también se ataviaban en otro tiempo aquellas santas mujeres que esperaban en Dios, estando sujetas a sus maridos.

Si tu marido es desobediente a Dios, o incrédulo, incluso si es totalmente hostil a tu fe y desobedece deliberadamente la Palabra de Dios, Dios quiere que tú te pongas bajo la autoridad de tu marido (de nuevo, excepto en aquellas cuestiones en que el marido te mande a desobedecer la Palabra de Dios).

Tu obediencia podría ser precisamente lo que le gane. No es regañándole como Dios quiere que le ganes para Cristo. Tampoco es buena táctica atosigarlo con versículos bíblicos. El testimonio más eficaz que cualquier esposa puede dar a un marido incrédulo es una sujeción afable y apacible (v. 1) dentro del contexto de una "conducta casta y respetuosa" (v. 2).

El adorno más atractivo para cualquier esposa es la virtud piadosa en el contexto de un espíritu de sujeción afable y apacible. El verdadero atractivo de una esposa nunca es meramente "el externo de peinados ostentosos, de adornos de oro o de vestidos lujosos" (v. 3). Lo que es verdaderamente atractivo es el interno, el del corazón (v. 4), adornado con una hermosura interior incorruptible y movida por un espíritu de sujeción. Al dar un ejemplo de piedad ante su marido incrédulo, la esposa sujeta *exhibe* el poder y la hermosura del evangelio por medio de su efecto en su propia vida. Este es el medio más poderoso que una mujer tiene para ganar a un marido desobediente o incrédulo.

Todo esto es doblemente importante cuando la esposa es además madre. Con su testimonio de piadosa sujeción, puede dar un buen ejemplo a sus hijos, dándoles un modelo que honra a Cristo en medio de un ambiente donde Cristo no es siempre objeto de honra.

El ideal, naturalmente, es que ambos padre y madre estén mutuamente comprometidos con el modelo divino para la familia, trabajando juntos en el orden apropiado para criar a sus hijos en la disciplina y amonestación del Señor.

El modelo de padre es alguien como Josué, no movido por la opinión popular ni por las cambiantes modas, sino dispuesto a mantenerse en contra de todo lo carnal y contemporizador, y a hablar por toda su familia: "Y si mal os parece servir a Jehová, escogeos hoy a quien sirváis; si a los dioses a quienes sirvieron vuestros padres, cuando estuvieron al otro lado del río, o a los dioses de los amorreos en cuya tierra habitáis; pero yo y mi casa serviremos a Jehová" (Jos. 24:15).

Y el modelo de madre es una mujer como Ana, cuyos más profundos anhelos son evidentemente el bien de su marido y de sus hijos, y que consagra su familia al Señor (1 S. 1) y se dedica a cuidar de ellos.

Marido y mujer, vuestro matrimonio es el lugar más importante donde vivir vuestro cristianismo. Si vuestro cristianismo es algo reservado solo para el culto del domingo, vuestra familia fracasará. Pero si vivís vuestra fe en medio de vuestra familia, cada día será fructífero, productivo y bendito por Dios.

Si os apartáis de los principios de la Palabra de Dios, vuestra vida familiar rebosará de dolor, frustración, fracaso, tristeza, ira y todos los demás frutos de la desobediencia. Pero si seguís el modelo que Dios ha establecido para la familia, Él promete su bendición.

La paternidad de éxito

La paternidad de éxito no puede lograrse siguiendo técnicas humanas y la psicología infantil. El verdadero éxito en la crianza de los hijos resulta *solo* de la fiel obediencia a las instrucciones de Dios para la familia.

No hay mejor lugar, y desde luego no hay ningún lugar más importante, donde vivir tu fe que en tu casa. Y si tu casa no es todo lo que debiera ser, ello se debe indudablemente a que no se siguen en la misma los principios de la Palabra de Dios.

La familia es el ambiente donde más importan tu devoción, fidelidad y coherencia. Es donde hay más en juego. Es donde se pueden conseguir las mayores bendiciones. Sencillamente, no hay mayor bendición terrenal que criar a tus hijos de una manera que honre a Dios, y luego verlos crecer para honrar a Dios en sus mismas vidas. Quiera Dios conceder esta bendición a tu familia.

Apéndices

Notas

APÉNDICE 1

༄

¿Quiere Jesús que yo brille?

POR PHIL JOHNSON[1]

Y estas palabras que yo te mando hoy, estarán sobre tu corazón; y las repetirás a tus hijos, y hablarás de ellas estando en tu casa, y andando por el camino, y al acostarte, y cuando te levantes.

—DEUTERONOMIO 6:6-7

Mis primeros recuerdos infantiles son una clase de la Escuela Dominical para preescolares. Supongo que tendría cuatro años, quizá menos. Nuestra iglesia era un antiguo e imponente edificio que olía como una buhardilla. Las ventanas de nuestra clase eran enormes, y me encantaba la manera en que entraba la luz del sol. Me sentía hipnotizado por aquellas pequeñas partículas de polvo que danzan en los rayos de sol en una estancia polvorienta.

Recuerdo con claridad un domingo en que estábamos sentados en aquella estancia y aprendiendo "Quiere Jesús que yo brille". Nuestra maestra nos señaló entusiasmada los enormes rayos de luz que entraban por los ventanales, e intentó hacer de ellos una lección gráfica.

El único problema era que nosotros no entendíamos nada de metáforas. Todo lo que yo podía pensar mientras cantábamos aquella canción era en aquellas pequeñas motas brillantes que flotaban en el haz de luz, y no podía imaginarme *por qué* Jesús podría querer que yo fuera uno de aquellos. Me gustaba la canción, pero tengo que admitir que para mí carecía de significado.

Aquel recuerdo lo tengo grabado tan profundamente en mi mente que incluso en la actualidad, cuando oigo cantar "Quiere Jesús que yo brille", me siento de inmediato transportado a aquella vieja estancia con los grandes ventanales, y me vienen a la mente aquellas pequeñas motas de polvo iluminadas por el sol.

Mis propios hijos son ahora mayores que lo que yo era entonces, y un día, hace varios años, se me ocurrió de repente que las memorias más tempranas que llevarían a la edad adulta estaban ya formadas. Casi todo lo que están aprendiendo ahora se quedará para siempre con ellos para el resto de sus vidas. Este es un pensamiento amedrentador para un padre.

La mayoría de los padres cristianos admitirán sentirse algo intimidados por esta grave responsabilidad que la Biblia pone sobre nosotros. Nuestra tarea aparece bosquejada en sencillos términos en versículos como Proverbios 22:6: "Instruye al niño en su camino", y Efesios 6:4, "criad [a vuestros hijos] en la disciplina y amonestación del Señor".

La comprensión de nuestro solemne deber como padres *debería* provocar un cierto temor y temblor. Pero ello tampoco tiene por qué paralizarnos. Enseñar la verdad espiritual a los hijos es un gozo. Nadie es más receptivo, ni está más hambriento por aprender, ni es más confiado que un niño. Lo más probable es que nunca encontrarás discípulos más bien dispuestos que tus propios hijos. No desperdicies esta oportunidad.

Deja que te sugiera cinco principios prácticos que recordar cuando enseñes la verdad espiritual a tus hijos.

COMPRENDE QUE LOS NIÑOS PUEDEN CAPTAR LA ESENCIA DE CASI CUALQUIER VERDAD

Entre las amonestaciones bíblicas a los padres para que enseñen a sus hijos la Palabra de Dios, ni una vez hay una limitación ni advertencia de ninguna clase. En la Biblia no hay ninguna clasificación por edades; no hay nada en ella que sea inapropiado para oyentes jóvenes. Toda la Biblia es para todas las edades.

No te retengas de enseñar a tus hijos porque creas que no están preparados. Aunque no puedan comprender totalmente algunos de los conceptos espirituales más difíciles, los niños pueden comprender la esencia de casi cualquier verdad. De hecho, están mejor dotados ahora para asimilar la verdad espiritual que lo serán cuando sean mayores.

Por esto es que Jesús exhortó a una fe como la de un niño: "De cierto os digo, que el que no reciba el reino de Dios como un niño, no entrará en él" (Mr. 10:15). ¿Qué es lo que hace que la fe de un niño sea diferente de la de un adulto? Sencillamente, que los niños rehúsan dejarse inquietar por lo que no pueden comprender.

Haz frente a ello: pocos de nosotros pueden comprender los conceptos de infinidad, eternidad u omnipotencia mejor que cuando éramos niños. Puede que hablemos de estas ideas con una terminología más sofisticada ahora, pero nuestras mentes finitas siguen sin poder abarcar la realidad completa. No temas admitir esto ante tus hijos.

Cuando mi hijo pequeño Jonathan iba al jardín de infancia, se sentía fascinado por la verdad de la omnipresencia de Dios. Intentaba constantemente imaginar algún lugar donde Dios no pudiera estar: "Papá, ¿va Dios a los partidos de los *Cubs*?", preguntaba. Le expliqué en términos sencillos lo que David decía en el Salmo 139:7-10, "¿A dónde me iré de tu Espíritu? ¿Y a dónde huiré de tu presencia? Si subiere a los cielos, allí estás tú; y si en el Seol hiciere mi estrado, he aquí, allí tú estás. Si tomare las alas del alba, y habitare en el extremo del mar, aun allí me guiará tu mano, y me asirá tu diestra". Aseguré a Jonathan que si Dios está en todos estos lugares, debe también soportar los partidos de los *Cubs*.

Luego le admití que yo me sentía igual de asombrado que él ante esta verdad. Y también lo estaba David. Él escribió: "Tal conocimiento es demasiado maravilloso para mí; alto es, no lo puedo comprender" (v. 6).

Lo asombroso era que Jonathan no se sintió en absoluto preocupado por mi admisión de ignorancia. Al contrario, pareció muy confortado al ver que no estaba solo. Aceptaba la verdad con la forma más pura de fe.

EVITA EL LENGUAJE FIGURADO Y LOS SÍMBOLOS SIN EXPLICAR

Con frecuencia, los adultos, como la mujer que me enseñó la canción del rayo de luz, creen erradamente que una alegoría o una figura de lenguaje aclararán alguna gran verdad. En el caso de los niños, esas cosas a menudo solo sirven para oscurecer la verdad.

Desafortunadamente, el lenguaje que se usa con mayor frecuencia en el evangelismo infantil sufre a menudo de este fallo. "Invita a Jesús a entrar en tu corazón", les decimos a los niños. ¿Y qué niño no piensa ahí en un órgano rojo, con forma de tarjeta de San Valentín, con una puertecita? Es en realidad más fácil y más preciso explicar la fe como una confianza plena y una entrega total. La mayor parte de los niños pueden comprender esas ideas más pronto que pueden comprender la metáfora de una puerta en el corazón.

Los niños piensan con una imaginación vívida. Cuando hablamos, por ejemplo, de un corazón negro de pecado, la imagen mental que ven es totalmente literal. Pide a un grupo de niños que os digan qué significa la canción "Sube, sube al monte de la luz". Comenzarás a comprender lo literalmente que piensan.

No hay nada malo en el uso de simbolismo o de lenguaje figurativo para ilustrar la verdad a los niños. Muchas excelentes historias, fábulas y cuentos de hadas para niños demuestran lo eficaces que pueden ser las alegorías. Pero todo el simbolismo ha de ser cuidadosamente explicado. Los niños pequeños, en especial, no tienen por sí mismos la capacidad de interpretar el lenguaje figurado.

SEPARA CLARAMENTE LA REALIDAD DE LA FANTASÍA

En la actualidad los niños están siendo bombardeados con fantasías y ficciones. La televisión matinal del sábado, los superhéroes y los juguetes de fantasía han alcanzado niveles sin precedentes de popularidad.

Hasta las lecciones de la Escuela Dominical comunican a nuestros niños grandes dosis de fantasía. Algunos de los mejores materiales disponibles incluyen historias de animales personificados y otras criaturas imaginarias.

No hay nada necesariamente malo con este método. La fantasía puede ser un instrumento legítimo y valioso para enseñar a los niños. Pero no descuides trazar una clara línea entre lo que es realidad y lo que es fantasía. Si la lección incluye un cuento sobre el *Oso Ronaldo* y la historia de *David y Goliat*, asegúrate de que tus chicos saben cuál es el cuento fantástico y cuál es realmente el relato histórico.

Nunca olvidaré una conversación que tuve hace unos pocos años con una niña de tres años. Su programa de televisión favorito era "El Increíble Hulk". David Banner, el personaje que se transforma en el Hulk cuando pierde los estribos, era el único David del que sabía alguna cosa. Estuvo toda una clase de la Escuela Dominical creyendo que se trataba del David del que estaba hablando su maestra. En la versión de David y Goliat que ella me repitió, David "se transformó en el Hulk" ¡y le arrancó la cabeza a Goliat! Me tomó un cierto tiempo aclararle la historia.

DESCUBRE LO QUE TUS HIJOS ESTÁN PENSANDO

Haz preguntas a tus hijos después de la Escuela Dominical. Es muy divertido, y descubrirás exactamente qué verdades están aprendiendo y cuáles van más allá de su comprensión.

Uno de los personajes más interesantes que he conocido era una niña de cuatro años llamada Holly. Sus padres eran nuestros mejores amigos, y mi esposa Darlene y yo solíamos cuidarla cuando sus padres salían. Holly y yo nos hicimos buenos amigos, y tuvimos muchas profundas conversaciones.

Holly era una niña de muy buena conducta y tenía un interés extraordinario en las cosas espirituales. Pero un día parecía decidida a ser mala. No me acuerdo exactamente lo que hacía de malo. No era nada grave, pero en su caso era anormal. Después de tener que hablar con ella algunas veces acerca de su mala conducta, le pregunté, lleno de frustración: "Holly, ¿qué te está pasando hoy?"

—No lo sé —suspiró ella—. Parece que no puedo arreglar mi vida.

Su tono era tan solemne y sincero que tuve que refrenar mi impulso de reír:

—Bien, ¿cuál es el problema? —le pregunté.

—Creo que es por culpa de los discípulos —dijo ella con toda seriedad.

—Ah, venga, Holly —le dije en tono de irritación, pensando que estaba diciendo tonterías para tratar de excusarse—. ¿Cómo pueden tener los discípulos ninguna culpa de si te comportas mal o no?

—Eran hombres *muy* malos —me dijo con ojos muy abiertos e inclinándose hacia mí como para darme a conocer un gran secreto.

Ahora me sentí atrapado. No quería dejar la conversación sin rectificar este concepto de que los discípulos fuesen personajes siniestros, pero no quería permitirle que apartase nuestra conversación del tema de su conducta difícil. Sabiendo que esto tenía la potencialidad de llegar a ser una sesión muy larga, me decidí a tratar una cuestión cada vez.

—Los discípulos *no* eran malos —le dije retadoramente.

—Ah, sí —me corrigió ella—. No querían que los niños pequeños acudieran a Jesús.

—Es verdad —asentí—, hicieron cosas equivocadas en ocasiones, pero en general fueron hombres buenos. Eran los ayudantes de Jesús.

—Es verdad —dijo Holly, como si ella fuese la maestra y yo fuese el estudiante—. Ellos *eran* ayudantes de Jesús, pero intentaron mantener alejados a los niños. Eran los malos.

Para ella esto ya estaba decidido, y estaba visiblemente asombrada ante mi actitud de defender a nadie que quisiera apartar a los pequeños de Jesús. Entonces decidí rápidamente que sería prudente abandonar esta parte de la discusión.

—Holly, los discípulos *no* eran malos —le dije con decisión—, pero aunque lo hubieran sido, no veo qué tiene eso que ver con tu mal comportamiento.

—Le pedí a Jesús que entrase en mi corazón y que lavase todo mi pecado —me dijo, suspirando con impaciencia, y siguió explicando—. ¡Creo que debe haber dejado a sus discípulos que ayudasen, y que ellos no han hecho muy buen trabajo!

Piensa en esto. La lógica de Holly era impecable. Usando todo el conocimiento teológico que tenía, había cocido la explicación más coherente para el pecado en la vida cristiana que su mente de cuatro años podía concebir. En cierta manera, tiene más sentido que las excusas con las que salimos muchos adultos. Pero yo nunca habría comprendido lo que ella estaba pensando si no hubiera continuado haciendo preguntas.

NO ESPERES QUE COMPRENDAN LA LECCIÓN LA PRIMERA VEZ

Después de esto, Holly y yo tuvimos muchas conversaciones acerca de los discípulos, y necesité bastante tiempo para convencerla de que no eran malas personas. Pero al final lo vio.

Son raras las ocasiones en que los niños comprenden todo el mensaje la primera vez. Por esto los mejores programas de la Escuela Dominical incluyen mucha repetición y repaso.

Mi hijo mayor, Jeremiah, tenía solo tres años cuando su clase de la Escuela Dominical comenzó con lecciones formales. Me encantaba que me volviera a explicar las historias, y me asombraba la exactitud con que me contaba la mayor parte de los detalles. Me sentía aun más asombrado de que su pequeña mente pudiera absorber tanto.

Pero no siempre captaba los detalles correctamente.

Un domingo estaba contándome el bautismo de Jesús. Me refirió la historia rápidamente, sin detenerse a respirar:

—Jesús llegó a donde estaba este hombre, Juan, que bautizaba a la gente, y le dijo: "Bautízame". Y Juan dijo que no podía porque no se sentía digno de ello, pero Jesús le dijo que lo bautizara de todos modos.

—Muy bien —le dije, felicitándome de que mi hijo era tan buen oyente.

—De modo que Juan bautizó a Jesús —prosiguió Jeremiah. Luego bajó la voz hasta un dramático susurro—. Y entonces sucedió algo muy extraño.

—¿Sí?, ¿qué fue? —le dije yo, susurrando a mi vez.

—Que descendió un gran pato —me dijo.

Miré entonces la ilustración que él había coloreado. Desde luego, allí estaba Juan bautizando a Jesús mientras que un ave descendía del cielo. Jeremiah, que había oído mal a la maestra, entendió *"duck"* (pato) en lugar de *"dove"* (paloma), y había decorado su ave con los anillos de un ánade real y con un pico grande.

Bueno, al menos había comprendido la esencia de la historia. Me sentí contento de que había aprendido tanto. Y él se sintió impresionado al ver que yo ya conocía la historia. Luego pasó la mayor parte de la tarde preguntándome por más detalles. Para cuando Jeremiah tenía seis años, era una especie de autoridad acerca de Juan el Bautista. Ahora es un adolescente, y enseña lecciones bíblicas a niños pequeños.

Deuteronomio 6:6-7 registra el encargo de Dios a toda la nación judía: "Y estas palabras que yo te mando hoy, estarán sobre tu corazón; y las repetirás a tus hijos, y hablarás de ellas estando en tu casa, y andando por el camino, y al acostarte, y cuando te levantes".

Este principio sigue en vigor. La enseñanza de la verdad espiritual a nuestros niños es un deber que no conoce fin ni reposo. Pero es también un enorme privilegio y un gran gozo. Tú eres el principal guía espiritual de tu hijo. No te retraigas de esta función. No te dejes intimidar ni frustrar para abdicar de esta responsabilidad. Es lo mejor de ser padre o madre.

APÉNDICE 2

❧

Respuestas a diversas preguntas clave acerca de la familia

Durante varios años he estado dando respuestas a preguntas que se me han hecho acerca de la crianza de los hijos y de cuestiones familiares. Casi quince años antes de escribir este libro apareció una colección de dichas preguntas en forma de folleto. Este apéndice es una versión actualizada de aquel folleto. Lo incluyo aquí, aunque muchas de las preguntas a las que se da respuesta están contestadas mucho más a fondo en el cuerpo de este libro. Las respuestas encapsuladas y el formato de estas "preguntas clave" lo transforma en un adecuado sumario y recapitulación y en una útil herramienta para los padres que busquen rápidamente respuestas específicas.

La nuestra es una sociedad tenebrosa y en decadencia. Pecados que hace solo veinte años eran objeto de asombro y de los que se hablaba solo en tonos quedos y con voz preocupada son ahora exhibidos en público e incluso alentados. No hace mucho tiempo las aventuras extramatrimoniales eran cosa de escándalo. En la actualidad se consideran la norma. Hasta el Presidente de los Estados Unidos puede implicarse en una conducta promiscua con una joven becaria, mentir acerca de ello, y gozar de un apoyo abrumador en las encuestas públicas de opinión. ¿Por qué? Porque las vidas privadas de muchísimos americanos están atestadas de pecados similares. Nuestra sociedad se ha vuelto insensible a la pecaminosidad del pecado. La homosexualidad, el incesto, el aborto e incluso las relaciones sexuales con niños ya no sobrecogen ni enfurecen a la sociedad como sucedía en el pasado. De hecho, todos estos pecados tienen ahora sus propios grupos de defensores, personas que argumentan que esas son actividades sanas e incluso deseables.

El derrumbe moral ha causado un daño indescriptible a la familia. De hecho, *cualquier* ataque contra la integridad moral de la sociedad es en último término un ataque contra la familia. La prueba se puede ver en las estadísticas que muestran que en la actualidad las familias rotas son la regla y no la excepción. Solo es necesario sintonizar con casi cualquiera de los programas televisados de entrevistas que se emiten durante el día, y es probable que veas a familias literalmente desintegrándose ante tus ojos.

Hay en la actualidad esfuerzos organizados para minar la familia y la vida familiar patrocinados por el movimiento de los derechos de la mujer, el movimiento de los derechos del niño y el movimiento de liberación *gay*. En la actualidad, difícilmente hay elecciones en las que no se incluyan iniciativas para "matrimonios *gay*" y otras propuestas de votantes con el único propósito de redefinir todo el concepto de familia. Estos son tiempos peligrosos para la familia. Añadamos a esta siniestra mezcolanza el cambiante concepto de matrimonio, la creciente aceptación del divorcio, la destrucción de las diferencias de género y la eliminación de cualquier distinción entre las funciones masculina y femenina, y se hace fácil ver que el concepto de familia en la actualidad no se parece en nada a lo que era hace solo veinte años.

El resultado es que las familias se están desmoronando. ¿Queda alguien en nuestra sociedad que no haya quedado afectado de alguna manera por el divorcio, el abuso infantil, la delincuencia juvenil, y una multitud de otros males relacionados de forma directa con el desmoronamiento de la familia?

En cada generación, la disolución de los matrimonios, las familias rotas y los hogares destruidos hacen notar un creciente peso. Los niños de esta generación segarán lo que sus padres han sembrado, y ellos plantarán semillas que darán a treinta, a sesenta y a ciento por uno. El creciente número de familias rotas está ahora acelerándose exponencialmente. ¿Qué podemos esperar de las futuras generaciones?

La única esperanza es que los cristianos proclamen y reafirmen la norma divina de la Palabra de Dios, y en especial que la vivan en sus propias vidas de familia. Los cristianos *deben* aferrarse al modelo bíblico expreso para la familia. Y la iglesia debe comenzar a proclamar sin temor ni vergüenza lo que dice la Palabra de Dios acerca de la familia.

En los primeros años de la década de los 80 hice una serie de películas y escribí un libro acerca de la familia. La demanda por aquel material superó a la que había visto por todo lo que había escrito antes. Y a lo largo de los años que siguieron, allí adonde he ido, las personas me han hecho preguntas acerca de la familia. A pesar de los volúmenes que se han escrito y de todo lo que se ha dicho acerca de la familia, los cristianos siguen hambrientos por más instrucción.

Recientemente, con ayuda de *Word Publishing*, he producido una nueva serie de videos sobre la crianza de los hijos para acompañar a este libro [se pueden comprar en inglés]. Y el nivel de interés en la serie ya ha resultado asombroso, y el público está clamando por más. Es alentador y entusiasmante ver que tantos del pueblo de Dios están tan dispuestos a gobernar sus vidas en familia según su Palabra.

Pero tengo que admitir que no me gusta particularmente que me presenten como "experto en la familia". No creo que se precise de ninguna pericia psicológica ni profesional para ayudar a las modernas familias en sus problemas. Los principios bíblicos que rigen el orden de la familia son asombrosamente sencillos y explícitos. La Biblia expone la pauta divina para la vida de la familia en unos términos tan claros que todo el que quiera seguir el camino bíblico, aunque sea torpe, no se extraviará (cp. Is. 35:8). La confusión aparece cuando se intenta amoldar la enseñanza de la Biblia dentro del armazón de la "sabiduría" contemporánea. Debemos tomar la Palabra de Dios tal como es, y obedecerla sin contemporizaciones ni reservas.

Este apéndice no puede comenzar a contestar *todas* las preguntas bíblicas que las personas puedan hacer sobre la familia, pero sí que se trata de algunas preguntas *clave*. Y mi esperanza es que estas respuestas provean un punto de partida para tratar acerca de las preguntas más inquietantes que puedas tener en mente. La sección principal de este libro te podrá suplir la mayor parte de los detalles.

La familia fue la primera institución terrenal de Dios. Antes que hubiera gobierno, y mucho antes que Dios instituyera la iglesia, Él ordenó el matrimonio y la familia como la célula básica de la sociedad. La destrucción de la familia de la que estamos siendo testigos en la actualidad es, creo yo, un presagio del derrumbe final de toda nuestra sociedad. Cuanto más se amenaza a la familia, tanto más la sociedad misma está en peligro de extinción. Estamos viviendo en los últimos días, y nada lo demuestra de manera más gráfica que el ocaso de la familia.

Efesios 5:22; 6:4 contiene la esencia del modelo bíblico para la vida familiar. Allí leemos instrucciones para maridos, mujeres, hijos y padre y madre. En unos versículos hermosamente sencillos, Dios expone todo lo que necesitamos saber y obedecer para obtener una vida familiar de éxito y armoniosa:

> Las casadas estén sujetas a sus propios maridos, como al Señor; porque el marido es cabeza de la mujer, así como Cristo es cabeza de la iglesia, la cual es su cuerpo, y él es su Salvador. Así que, como la iglesia está sujeta a Cristo, así también las casadas lo estén a sus maridos en todo.
>
> Maridos, amad a vuestras mujeres, así como Cristo amó a la iglesia, y se entregó a sí mismo por ella, para santificarla, habiéndola purificado en el lavamiento del agua por la palabra, a fin de presentársela a sí mismo, una iglesia gloriosa, que no tuviese mancha ni arruga ni cosa semejante, sino que fuese santa y sin mancha. Así también los maridos deben amar a sus mujeres como a sus mismos cuerpos. El que ama a su mujer, a sí mismo se ama. Porque nadie aborreció jamás a su propia carne, sino que la sustenta y la cuida, como también Cristo a la iglesia, porque somos miembros de su cuerpo, de su carne y de sus huesos. Por esto dejará el hombre a su padre y a su madre, y se unirá a su mujer, y los dos serán una sola carne. Grande es este misterio; mas yo digo esto respecto de Cristo y de la iglesia. Por lo demás, cada uno de vosotros ame también a su mujer como a sí mismo; y la mujer respete a su marido.
>
> Hijos, obedeced en el Señor a vuestros padres, porque esto es justo. Honra a tu padre y a tu madre, que es el primer mandamiento con promesa; para que te vaya bien, y seas de larga vida sobre la tierra.
>
> Y vosotros, padres, no provoquéis a ira a vuestros hijos, sino criadlos en disciplina y amonestación del Señor.

Esos son, por tanto, los elementos de una familia de éxito: una esposa caracterizada por su sujeción; un marido que ama a su esposa de manera sacrificial; hijos que obedecen y honran a sus padres; y padres que instruyen y disciplinan a sus hijos al dar un ejemplo consecuente y piadoso. Prácticamente todas las preguntas que se puedan hacer sobre la familia deben referirse a este pasaje de la Biblia y al modelo que establece.

Incluso si la familia carece de hijos, o carece de padre o madre, la fórmula básica para el éxito de la familia sigue siendo el mismo: cada miembro de la familia debe cumplir la función que le ha sido ordenada por Dios.

SI UNA MUJER DEBE SUJETARSE, ¿NO ESTÁ HACIENDO UNA FUNCIÓN INFERIOR?

Cada miembro de la familia, no solo la mujer, recibe el mandamiento de someterse. De hecho, es significativo que en los manuscritos griegos más fiables no se usa verbo en el versículo 22 ("Las casadas estén sujetas a sus propios maridos, como al Señor"). El verbo allí es sobrentendido, y a fin de dar sentido a la expresión, el lector ha de retroceder al versículo 21 y tomar de allí el verbo (el término griego para "someterse", *hupotassō*). De modo que una traducción literal de los versículos 21-22 sería: "Someteos unos a otros en el temor de Dios. Las casadas a sus propios maridos, como al Señor".

Observa que el mandamiento del versículo 21 (someteos unos a otros) se aplica en realidad a cada miembro del cuerpo de Cristo. Pablo está diciendo que hay un sometimiento mutuo en el Cuerpo de Cristo que es trasladado a las relaciones de familia. El marido muestra su sujeción a la esposa con su amor sacrificial por ella. El papel del marido es como el de Cristo en Juan 13, donde Él se ciñó y lavó los pies de los discípulos, aceptando la tarea más humilde posible que podía hacer en favor de ellos. La esposa muestra su sujeción a su marido siguiendo su guía, "porque el marido es cabeza de la mujer, así como Cristo es cabeza de la iglesia" (v. 23).

El papel del marido es el de guía, "cabeza de la mujer". Pero esto no significa que la esposa sea su esclava, a disposición de sus caprichos, esperando órdenes como " ¡Haz esto! ¡Tráeme aquello! ¡Ve allí! ¡Prepárame esto!", etcétera. La relación entre marido y mujer es la de "coherederos juntamente de la gracia de la vida" (cp. 1 P. 3:7). La esposa es el vaso más frágil, y el marido debe honrarla, protegerla y ser un guía comprensivo.

La relación matrimonial es más íntima, personal e interior que la de un amo y un esclavo. Esto se indica en Efesios 5:22 por la frase "a sus propios maridos". La relación marido-mujer está edificada sobre una pertenencia íntima. Este versículo parece implicar que se supone que la esposa respondería bien dispuesta en sujeción a alguien a quien ella posee.

La función de la esposa no es en absoluto secundaria. No involucra una condición inferior, sino solo una diferencia de función ordenada por Dios. Este hecho se ilustra de manera maravillosa en 1 Corintios 11:3: "Cristo es la cabeza de todo varón, y el varón es la cabeza de la mujer, y Dios la cabeza de Cristo". Dios y Cristo tienen papeles de autoridad y sujeción, pero son uno en esencia como Dios. Así es con marido y mujer. Sus funciones difieren, pero por lo que respecta a su calidad y valor esenciales, son iguales. Como Pablo observa, los hombres dirigen, pero las mujeres son liberadas de toda idea de una inferior influencia al criar ellas y educar a los hijos. Los hombres tienen la conducción, pero las mujeres tienen la mayor influencia sobre la siguiente generación (cp. 1 Ti. 2:11-15).

¿QUÉ DEBERÍA HACER UNA ESPOSA CRISTIANA SI SU MARIDO NO LLEGA A SER LA AUTORIDAD A LA QUE ELLA SE DEBE SUJETAR?

¿Qué sucede si el marido no trata de cumplir con su papel? ¿Qué sucede si hace dejación de su posición de liderazgo y deja a la mujer que sea la cabeza del hogar? Esto sucede frecuentemente, y especialmente en el ámbito de la autoridad *espiritual*.

Una vez recibí una carta de una esposa que me decía: "He cometido un terrible error. He tratado de sujetarme a mi marido, pero él no quería asumir el liderazgo. Poco a poco he ido asumiéndolo yo, y ahora soy dominante, y él nunca asumirá el liderazgo. ¿Cómo me salgo de este lío?

La respuesta es, vuelve a la sujeción. Fuerza la cuestión. Si él no te da un liderazgo al que sujetarte, sujétate a las cosas que crees que él querría. Ponte en el papel bíblico apropiado, y manténte fuera del que le pertenece a él. Luego aliéntale, ora por él, y apóyale como cabeza de tu hogar en todo lo que puedas. Por encima de todo, rehúsa tomar el liderazgo dominante de la familia. Sé obediente al modelo bíblico. Haz sugerencias y guíale discretamente cuando sea absolutamente necesario, pero déjale margen para que él actúe.

Primera Pedro 3:1-2 dice: "Asimismo vosotras, mujeres, estad sujetas a vuestros maridos; para que también los que no creen a la palabra, sean ganados sin palabra por la conducta de sus esposas, considerando vuestra conducta casta y respetuosa". De nuevo, la palabra traducida "sujetas" aquí es el término griego *hupotassø*. Describe la función, no la esencia, del papel de la esposa. En otras palabras, aunque no se dice que el papel de la esposa es menos importante que el del marido, se afirma que en el plan de Dios ella es la que debe sujetarse, y él es quien debe asumir el liderazgo.

Observa, también, que Pedro dice que incluso si el marido es desobediente a la Palabra, tanto si se trata de alguien que rechaza hostilmente a Cristo como si es un creyente que sencillamente descuida asumir el liderazgo, la respuesta de la esposa debería seguir siendo la de sujetarse.

De modo que la mejor manera en que una esposa puede alentar a un esposo que no cumple con su responsabilidad como líder para que asuma su papel como cabeza de la familia es sencillamente sujetándose a él, siguiendo con su papel con mayor decisión y respeto hacia él, y orando que el efecto de ello sea el de impulsarlo a cumplir con su función.

¿CÓMO DEBERÍA UNA ESPOSA RESPONDER ANTE UN MARIDO QUE LA MALTRATA FÍSICAMENTE?

Una vez estaba respondiendo preguntas en una reunión en Boston, y una mujer joven se levantó y preguntó cómo debería actuar una esposa cristiana con un marido que la golpea. Inmediatamente, una pequeña y encanecida anciana de ochenta y nueve años en la segunda fila se levantó y le gritó: "¡Devuélvele los golpes, querida!"

El recuerdo de aquella escena todavía me hace esbozar una sonrisa (me di cuenta después de la reunión de que la ancianita calzaba botas negras). Por divertido que fuera, sin embargo, no creo que su remedio fuese el apropiado.

Tampoco el divorcio es siempre una opción. La Biblia no permite automáticamente el divorcio en caso de un marido agresor.

Sin embargo, aunque la Biblia no instruye de manera específica a la mujer maltratada, sí que enuncia unos principios que ciertamente le son de aplicación. Proverbios 14:16 dice: "El sabio teme, y se aparta del mal". Dios nos da sabiduría para ser cautos y prudentes. Agachamos la cabeza cuando algo vuela por el aire en dirección a nosotros. El sentido común nos dice que evitemos situaciones en las que podamos estar en peligro físico. Y creo que esto es lo que Dios espera de nosotros.

Una mujer cuyo marido la maltrata no solo está justificada si se protege; sería un error que no lo hiciera. No hay virtud alguna en que una esposa se someta bien dispuesta a golpes y malos tratos físicos de un marido cruel o borracho. Y desde luego no hay justificación bíblica alguna para que una mujer permita a sabiendas ser golpeada e incluso herida en nombre de la sujeción a su marido, especialmente si puede tomar medidas legítimas para evitarlo.

Por vía de comparación, el apóstol Pablo dice en Romanos 13 que debemos someternos al gobierno civil como una autoridad ordenada por Dios. Sin embargo, este "sometimiento" no incluye necesariamente sufrir voluntariamente en manos de un gobierno despótico. Nuestro Señor dijo: "Cuando os persigan en esta ciudad, huid a la otra" (Mt. 10:23), dando una clara justificación al perseguido a huir de la persecución de gobiernos malvados si se abre una vía de escape. De modo que la "sujeción" a la que nos llama el Señor no incluye una aceptación automática de una descarnada brutalidad.

Mi consejo a las mujeres que están en peligro de malos tratos físicos de parte de sus maridos es, ante todo, tratar de aplacar la situación. Ten cuidado de no provocar ninguna circunstancia que incite a tu marido a la violencia. Proverbios 15:1 dice: "La blanda respuesta quita la ira".

Con esto, desde luego, no sugiero que las mujeres tengan la culpa cuando sus maridos se vuelven violentos. No hay excusa alguna para que un hombre emplee la violencia física contra su mujer; de hecho, esta es la más descarada clase de desobediencia al mandamiento dado a los maridos en Efesios 5:25. Los hombres que maltratan físicamente a sus mujeres no pueden pretender de manera legítima que *ningún* acto de parte de la mujer justifica su uso de la fuerza bruta. El ataque físico contra la propia esposa es un pecado inexcusable y desmedido contra ella y contra Cristo. El intento de defender dicha violencia, como lo hacen algunos hombres, pretendiendo sobre una base bíblica que el marido es la "cabeza" de la mujer significa corromper la misma idea de lo que significa ser la cabeza. Recordemos que Dios es la cabeza de Cristo, y que Cristo es también la cabeza de la iglesia (1 Co. 11:3). De modo que la expresión involucra no solo liderazgo y autoridad, sino también amante sustento y protección. "El marido es cabeza de la mujer, *así como Cristo es cabeza de la iglesia,* la cual es su cuerpo, y él es su Salvador" (Ef. 5:23). El marido que piensa que su posición como cabeza justifica un liderazgo dominante, tiránico o brutal no tiene idea alguna del concepto bíblico de lo que significa ser la cabeza.

Si un marido propenso a la violencia se manifiesta agitado y violento, la esposa debería librarse del peligro abandonando la casa si es necesario. Dios ha prometido que no nos pondrá a prueba más de lo que podamos resistir, y que siempre nos dará una salida (1 Co. 10:13). A veces la *única* salida es escapar. Si tienes hijos y ellos también están en peligro, llévalos a algún lugar donde estén a salvo hasta que creas que pueden volver sobre seguro.

Si no estás de verdad en peligro físico, sino que eres sencillamente una cansada esposa harta de un marido desagradable o repulsivo, incluso si él es un incrédulo contrario a las cosas de Dios, el deseo de Dios es que te quedes y ores y santifiques al marido con tu presencia como amada hija de Dios (1 Co. 7:10-16). El Señor te protegerá y te enseñará en medio de un tiempo de dificultad.

Naturalmente, debes orar por tu marido, sujetarte a él en todo lo que puedas, alentarlo a buscar consejo y orientación de otros hombres conocedores de la Biblia, y hacer todo lo que puedas para sanar los problemas que lo impulsan a la ira y a la violencia.

¿DEBERÍA LA ESPOSA TRABAJAR FUERA DEL HOGAR?

La cuestión de las esposas trabajadoras no es de la clase que se pueda responder con un simple sí o no. La verdadera cuestión reside en cómo comprendemos las prioridades bíblicas para una mujer. Tito 2:4-5 dice que las ancianas en la iglesia deben enseñar a las jóvenes "a amar a sus maridos y a sus hijos, a ser prudentes, castas, cuidadosas de su casa, buenas, sujetas a sus maridos, para que la palabra de Dios no sea blasfemada".

Es evidente que la prioridad para cualquier mujer es cuidar de las necesidades de su familia, y esto lo hace ante todo siendo "ama de casa". En 1 Timoteo 5:14 se recalca el mismo extremo, aunque se emplea una palabra griega diferente. Allí, Pablo escribe: "Quiero, pues, que las viudas jóvenes se casen, críen hijos, gobiernen su casa; que no den al adversario ninguna ocasión de maledicencia". La palabra traducida "gobiernen su casa" en este versículo es el término griego *oikodespoteø*, que literalmente significa "gobernar la casa". El ámbito de la mujer es el hogar, y es allí donde deberían estar siempre las prioridades de la madre.

Cuando el salmista, bajo inspiración del Espíritu Santo, quiso mostrar el glorioso carácter de Dios, no pudo encontrar mayor alabanza que decir:

> ¿Quién como Jehová nuestro Dios,
> Que se sienta en las alturas,
> Que se humilla a mirar
> En el cielo y en la tierra?
> Él levanta del polvo al pobre,
> Y al menesteroso alza del muladar,
> Para hacerlos sentar con los príncipes,
> Con los príncipes de su pueblo.
> Él hace habitar en familia a la estéril,
> Que se goza en ser madre de hijos.
> Aleluya
> (Sal. 113:5-9, cursivas añadidas).

¡Ésta es la mayor bendición que Dios puede dar a una mujer!

Cuidar del hogar involucra criar hijos, instruirlos y administrar los asuntos del hogar. Todo esto es un don de la gracia de Dios a la mujer. Está vinculado de manera inextricable con el principio de la sujeción de la mujer a *su propio marido*. Si ella trabaja fuera del hogar, se encuentra con un diferente conjunto de circunstancias a las que debe hacer frente. Pasa a ser responsable y sujeta no solo a su marido, sino también ante el jefe en el trabajo. Otras prioridades constituyen a menudo una amenaza a la prioridad bíblica del hogar y de la familia, y la mujer se encuentra a menudo en tensión entre el cumplimiento de su función bíblica y el cumplimiento de un papel bien distinto que exige su trabajo.

No hay nada en la Biblia, sin embargo, que prohíba de manera específica que la mujer trabaje, siempre y cuando cumpla la prioridad en el hogar (Pr. 31).

Pero tanto si la mujer trabaja fuera del hogar o no, la vocación *primordial* para ella es gobernar la casa. Es el lugar de mayor exaltación para una esposa. El mundo es lo que llama a tantas mujeres modernas fuera del hogar, no el Señor. Su Palabra presenta el papel de la mujer como ocupada en los deberes domésticos. Es una elevada vocación, mucho más crucial para el futuro de los niños de una madre que cualquier cosa que pudiera hacer en un trabajo fuera del hogar.

En último término se trata de una decisión personal que cada mujer debe tomar en sujeción a la autoridad de su marido. Evidentemente, una mujer soltera está libre de trabajar y de seguir una carrera profesional. Una mujer casada sin hijos está quizá algo más limitada respecto a la cantidad de tiempo y de energía que puede dedicar a un trabajo exterior. Una mujer que sea madre tiene evidentemente su responsabilidad primordial en el hogar y por ello no tiene la libertad de buscar un empleo externo que perjudique al hogar. De hecho, desde mi perspectiva como padre, es difícil ver cómo una madre puede hacer todo lo que se debe hacer en el hogar, con la crianza de los niños, la hospitalidad, el cuidado de los necesitados y la obra del Señor (cp. 1 Ti. 5:3-14), y además trabajar fuera del hogar.

¿QUÉ PASA CON LA MUJER QUE QUIERE TRABAJAR EN EL HOGAR, PERO SU MARIDO INSISTE EN QUE TRABAJE FUERA DEL HOGAR?

Hay muchas mujeres que se encuentran con el dilema de que tienen maridos que les exigen que trabajen fuera de casa, aunque ellas mismas se sienten dirigidas por Dios a hacer del hogar su mayor prioridad. En tal caso, se da una tensión entre dos principios bíblicos: la sujeción (Ef. 5:22) y el plan de Dios para las esposas (1 Ti. 5:14; Tit. 2:4-5).

Lo primero que debe hacer la mujer que se encuentre en este caso es orar y luego compartir su convicción con su marido. De una forma amante, debería hacerle saber lo mucho que le importa su obediencia a Dios. Es posible, si de lo que se trata es de dinero, que pueda encontrar alguna forma creativa de ganar dinero con un trabajo que se pueda hacer desde el hogar, o limitando su tiempo de trabajo fuera a las horas en que los hijos están en la escuela. (La mujer piadosa mencionada en Proverbios 31 ganaba dinero con el trabajo que hacía en casa.) Puede hacer un estudio para su marido acerca de los verdaderos beneficios económicos de su trabajo. Muchos estudios revelan que una esposa que trabaja con frecuencia no aumenta los verdaderos ingresos disponibles, cuando se tienen en cuenta los costos del cuidado de los niños y otros gastos.

Si el marido sigue insistiendo en que trabaje fuera de casa, debería obedecerle con un espíritu de gentileza y seguir orando. Debería mantenerle consciente, de una manera amante, del efecto negativo que ello tiene sobre su relación, sobre la calidad del hogar, y sobre el desarrollo de los niños. En 1 Pedro 3:1-6 se da más guía para una delicada situación como esta. Allí, la mujer es instruida a que muestre su sujeción a Dios sujetándose a las instrucciones de su marido, incluso si él es desobediente a la Palabra. Muchas mujeres consiguen sujetarse a sus maridos y trabajar fuera de casa, y a la vez obedecer la Palabra de Dios cuidando de sus casas en las horas libres del trabajo. No es fácil, en absoluto, pero una mujer llena de recursos puede conseguirlo. Mediante la sujeción a su marido, esta esposa también se está sujetando a la voluntad de Dios. El Señor conoce las circunstancias, y Él puede obrar en el corazón del marido para cambiarlo.

¿EN QUÉ MANERAS PRÁCTICAS PUEDEN LOS MARIDOS AMAR A SUS MUJERES?

Es interesante que Efesios 5:25 *manda* a los maridos que amen a sus mujeres. Primero, esto demuestra que el amor verdadero no es solo un sentimiento que sobrevenga a una persona; es un acto de la voluntad humana. Si no fuese un acto de la voluntad, Dios no nos lo mandaría. Además, Pablo no dice: "*Gobernad* a vuestras mujeres". Hay la condición de cabeza y una esposa que sigue, pero la perspectiva de este papel de parte del marido debería centrarse no en el aspecto de su autoridad, sino en el aspecto del amor sacrificial por su esposa.

Aun más interesante que el mandamiento mismo, no obstante, es la norma del amor que se pone delante de los maridos. El versículo dice: "Amad a vuestras mujeres, así como Cristo amó a la iglesia, y se entregó a sí mismo por ella". Es el amor más desprendido, generoso y solícito de amor concebible para la mente humana. No hay lugar en esta clase de amor para señorear sobre la esposa ni para dominar egoístamente sobre la familia.

Pedro describe el amor del marido por su mujer: "Vosotros, maridos, igualmente, vivid con ellas sabiamente, dando honor a la mujer como a vaso más frágil, y como a coherederas de la gracia de la vida, para que vuestras oraciones no tengan estorbo" (1 P. 3:7). Veo tres conceptos clave en este versículo.

El primero es *consideración*. Debemos vivir con nuestras esposas "sabiamente". Debemos ser sensibles, comprensivos y considerados. El personal de aconsejamiento de nuestro ministerio está familiarizado con todas esas quejas de esposas desdichadas: "Nunca me comprende". "No sabe en qué situación me encuentro". "Es indiferente ante mis necesidades". "Nunca hablamos". "No comprende mis heridas". "Me habla de manera áspera". "No me trata con cariño". Y más y más. Esas mujeres están diciendo que sus maridos son desconsiderados, más preocupados por lo que consiguen del matrimonio que por lo que dan al mismo.

Una segunda forma de mostrar amor a tu esposa es mediante la *caballerosidad*. Recuerda, marido, que tu esposa es un vaso más frágil. Una parte principal de tu posición como cabeza reside en tu responsabilidad de protegerla, de cuidarla y de darte por ella. Esta actitud solícita y generosa se puede expresar de muchas maneras, a menudo por medio de gestos insignificantes pero que para tu esposa hablan elocuentemente de tu amor por ella. Puedes abrirle la puerta del automóvil, en lugar de empezar a moverlo mientras ella tiene todavía una pierna colgando fuera de la puerta. O sencillamente traerle flores. Unas pequeñas y frecuentes expresiones de atención significan más para una esposa que un festejo especial para vuestro aniversario una vez al año.

Finalmente, los maridos pueden expresar amor a sus mujeres con su *comunión* con ellas. Observemos una vez más cómo Pedro expone que las mujeres son junto a sus maridos "coherederas de la gracia de la vida". El matrimonio, más que ninguna otra institución humana, ha sido dispuesto como una estrecha asociación, una unión de dos en uno. Así, la comunión de una pareja casada tiene que ser tan profundamente íntima como sea posible. Y esto es algo que tiene que ser seguido con diligencia; demanda un esfuerzo especial. Maridos, comuníquense con sus esposas. Háblenles. Compartan su vida espiritual con ellas.

¿POR QUÉ ES NECESARIO HACER QUE LOS HIJOS OBEDEZCAN?

La Biblia es clara acerca de que los hijos deben obedecer a los padres. El Quinto Mandamiento dice que los hijos deben honrar a sus padres. Al menos doce versículos solo en el libro de Proverbios mandan a los hijos que obedezcan a sus padres. Efesios 6:1-13 dice: "Hijos, obedeced en el Señor a vuestros padres, porque esto os justo. Honra a tu padre y a tu madre, que es el primer mandamiento con promesa; para que te vaya bien, y seas de larga vida sobre la tierra".

¿Por qué deben obedecer los hijos? Debido a que carecen de madurez en cuatro áreas principales de la vida que son esenciales para la independencia. Estas se nos delinean en Lucas 2:52. Allí se nos dice que Jesús creció de niño en las cuatro áreas: "Jesús crecía en sabiduría y en estatura, y en gracia para con Dios y los hombres". A pesar de que Él era perfecto y sin pecado, nuestro Señor creció de niño en los ámbitos mental, físico, social y espiritual. Esas son las áreas en que *todos* los niños necesitan crecer.

Los niños necesitan crecimiento en *la madurez mental*. Los niños carecen de sabiduría. Carecen de discreción, instrucción y conocimiento. Cuando un bebé nace en el mundo, su cerebro carece casi totalmente de información. Todo aquello que deba conocer le debe ser enseñado. No sabe lo que es bueno y lo que es malo; no conoce los alimentos adecuados; no sabe lo que no debe introducir en la boca; y ni siquiera tiene el suficiente conocimiento para no mantenerse fuera del alcance de los vehículos en la calle. Todas estas cosas le tienen que ser enseñadas, y la infancia es la ocasión para aprenderlas.

Los niños también están faltos en el área de *la madurez física.* Nacen débiles e incapaces de mantenerse a sí mismos. Es un largo proceso mientras consiguen fuerza y coordinación. Al principio necesitan que les alimenten, les cambien la ropa y les provoquen los eructos. No pueden defenderse ni valerse por sí mismos en el mundo. Es responsabilidad de sus padres protegerlos.

Los niños están faltos de *madurez social.* Lo más peculiar que observas en un niño cuando llega al mundo es que está totalmente centrado en sí mismo. Quiere lo que quiere de inmediato, y cree que todo lo que está a su alcance le pertenece. Es difícil enseñar a un niño a compartir, lo que decir en los momentos apropiados, y a ser humilde. Ninguna de esas cosas viene por naturaleza a ningún niño.

Finalmente, los niños necesitan *madurez espiritual.* Un niño no crece de por sí para amar a Dios. La Biblia sugiere que incluso los niños pequeños tienen *un cierto* conocimiento innato de Dios (Ro. 1:19), pero sin una apropiada instrucción, se desviarán. Su propia depravación los apartará. Es responsabilidad de los padres conducirlos en la dirección *correcta.* Proverbios 22:6 dice: "Instruye al niño en su camino, y aun cuando fuere viejo no se apartará de él". La obediencia por parte del niño es el instrumento que lo lleva a la madurez en todas las maneras apropiadas.

¿DEBERÍAN LOS HIJOS OBEDECER INCLUSO A PADRES INCRÉDULOS?

No todos los padres desean criar a sus hijos en el camino de la verdad. Pero cuando Pablo escribe: "Hijos, obedeced a vuestros padres *en el Señor*", está diciendo que la obediencia tiene lugar en la esfera de servir, complacer, honrar y adorar al Señor. No está diciendo que la responsabilidad de obedecer se extienda solo a aquellos hijos cuyos *padres* estén "en el Señor".

El mandamiento a los hijos a que obedezcan a sus padres es absoluto, excepto donde los mandamientos a los padres son contrarios a los claros mandamientos de la Palabra de Dios. Si un padre pide a un hijo que contravenga un claro mandamiento de la Biblia, se levanta entonces la verdad de Hechos 5:29: "Es necesario obedecer a Dios antes que a los hombres". En tales circunstancias, el hijo tiene que rehusar obedecer los deseos de los padres, pero no de una manera desafiante o insolente. Y debería aceptar las consecuencias de su negativa con paciencia y sin exhibir rebeldía ni ira.

¿CÓMO PUEDEN LOS PADRES CONOCER LA FORMA CORRECTA DE CRIAR A SUS HIJOS?

Efesios 6:4 dice: "Y vosotros, padres, no provoquéis a ira a vuestros hijos, sino criadlos en disciplina y amonestación del Señor". El error que cometen muchos padres es que piensan que en una familia cristiana la instrucción en la piedad se dará por sí misma. No es así. Los padres deben guiar mediante el ejemplo, de manera cuidadosa, y planificada. Sus responsabilidades incluyen instruir, enseñar, nutrir y disciplinar a sus hijos en el camino del Señor, a la vez que no los provocan a ira.

Los padres son la clave del crecimiento espiritual de cada niño. Cada persona nace inclinada al pecado, y la depravación se apoderará de ella a no ser que su poder sobre el niño sea quebrantado mediante la regeneración. El niño debe ser "renacido, no de simiente corruptible, sino de incorruptible, por la palabra de Dios que vive y permanece para siempre" (1 P. 1:23). Las instrucciones de la Biblia a los padres sugieren que el mejor medio en el que alimentar la semilla de la Palabra de Dios en nuestros hijos es en un amante medio de disciplina.

En un estudio efectuado hace varios años, los sociólogos Sheldon y Eleanor Glueck, de la Universidad de Harvard, identificaron varios factores cruciales en el desarrollo de la delincuencia juvenil. Crearon una prueba que puede, con una precisión del 90 por ciento, predecir la futura delincuencia en niños de cinco a seis años de edad. Señalan cuatro factores necesarios para impedir la delincuencia juvenil. Primero, la disciplina del padre ha de ser firme, justa y consistente. Segundo, la madre ha de saber dónde están sus hijos y lo que están haciendo en todo momento y estar con ellos todo el tiempo que sea posible. Tercero, los niños necesitan ver afecto exhibido entre los padres y de sus padres a ellos. Y cuarto, la familia ha de pasar tiempo junta como un todo.[1]

Estudios similares sugieren que las relaciones correctas de padre y madre con el niño tienen lugar normalmente en contextos en los que padre y madre se aman de manera genuina, donde la disciplina es consistente, donde el niño es consciente de que es querido, donde padre y madre establecen un ejemplo moral y espiritual positivo, y donde hay un padre que dirige a la familia.

El fondo de todo esto es este: El ejemplo que vivas ante tus hijos es lo que más les afecta. Muchos padres cometen el error de estar excesivamente preocupados acerca de cómo se les considere en la iglesia y en la comunidad, mientras que descuidan totalmente la manera en que viven ante sus hijos. Nada hace la verdad más desagradable para un niño que tener un padre hipócrita o espiritualmente superficial que afirma la verdad en público pero la niega en el hogar.

Padres, la nuestra es una solemne y asombrosa responsabilidad, pero es también un privilegio maravilloso. Una de las más satisfactorias experiencias en el mundo es tener hijos comprometidos a seguir al Señor, no importa cuál sea el costo, porque han visto el mismo compromiso en nuestras vidas.

¿QUÉ ES LO QUE HACE FUERTE UN MATRIMONIO?

Para dos cristianos, el matrimonio es ante todo una consagración a Jesucristo y luego del uno al otro. A Satanás le encanta destruir matrimonios, y la mejor protección contra sus ataques es una relación profunda, honda, y compartida con Jesucristo, y un compromiso de obediencia a la Palabra de Dios. En presencia de esta clase de compromiso, no creo que un matrimonio pueda fracasar.

Pero para ampliar esto, doy a continuación dos principios que fortalecen un matrimonio. Primero, concéntrate a ser lo que deberías ser en tu interior, no solo en lo que dices, lo que tienes o en la apariencia externa que presentas. Pedro da este principio a las esposas en 1 Pedro 3:3-4, pero es desde luego también de aplicación a los maridos: "Vuestro atavío no sea el externo de peinados ostentosos, de adornos de oro o de vestidos lujosos, sino el interno, el del corazón, en el incorruptible ornato de un espíritu afable y apacible, que es de grande estima delante de Dios".

Todo lo que tú poseas se deteriorará. Hasta tu apariencia decae continuamente con la edad. Pero "el [hombre] interno, el del corazón" madura, se desarrolla y crece hermoseándose al ir amoldándonos más a Cristo. Si es ahí donde se centra la atención de tu matrimonio, vuestro amor mutuo también irá fortaleciéndose.

Un segundo principio es este: Concéntrate en aprender quién es tu cónyuge. He dado consejo a muchas personas cuyos matrimonios se estaban tambaleando solo debido a que no se habían tomado el tiempo para conocerse. Es importante darse cuenta de que ninguna persona es perfecta, ni tampoco lo es ningún matrimonio. Si en tu frustración te estás aferrando a un ideal de cómo querrías que fuese tu cónyuge, estás haciendo daño a tu matrimonio. Abandona tu idea del cónyuge perfecto, y empieza a aprender a comprender y a amar al que tienes. Vive con tu cónyuge "sabiamente".

Es significativo que Pablo manda a los maridos a amar a sus mujeres (Ef. 5:25), y a las mujeres a amar a sus maridos (Tit. 2:4). La cuestión es que no importa con quién estés casado, puedes aprender a amar a tu cónyuge. El viento dominante del pensamiento contemporáneo parece ser el de que el amor es algo que simplemente sobreviene: viene y se va. Y cuando se ha ido, los casados se divorcian. ¡Cuán extraña es esta idea en la Biblia, que no reconoce siquiera la posibilidad de incompatibilidad entre los cónyuges! Dios, sencillamente, manda a marido y mujer que se amen. Los sentimientos de atracción iniciales, los impulsos de alta intensidad, disminuirán en todos los matrimonios. Pero cuando se cultiva el compromiso, la recompensa de un amor lleno de amistad y de plenitud de por vida es mucho más satisfactoria.

Recuerda, la esencia del matrimonio es que dos personas pasan a ser una carne. Y uno es el número indivisible. En Mateo 19:5 Jesús cita Génesis 2:24: "Por esto dejará el hombre a su padre y a su madre, y se unirá a su mujer, y los dos serán una sola carne". El término hebreo traducido "se unirá" se refiere a un vínculo inquebrantable. Al mismo tiempo, es un verbo activo que conlleva la idea de ir diligentemente en pos de algo. Indica que el matrimonio comporta dos personas comprometidas de manera diligente y absoluta a seguirse el uno al otro en amor, con una adhesión indisoluble de mente, voluntad, espíritu y emoción.

En el versículo 6, Jesús prosigue diciendo: "Por tanto, lo que Dios juntó, no lo separe el hombre". Cada matrimonio, sea una unión cristiana o pagana, sea que se haya concertado en la voluntad de Dios o no, es una obra milagrosa de Dios, y si estropeas esta unión, estás minando la obra de Dios.

Cada familia descansa sobre esta verdad fundamental, y el éxito de la familia como un todo se consigue o cae con el compromiso mutuo de la pareja y con la permanencia de la unión.

¡Cuánta importancia tiene la familia en el plan de Dios! Él quiere hacer de nuestras familias todo lo que puedan ser, y el éxito de la familia debería ser una prioridad para cada cristiano. No podemos permitir que el mundo nos imponga su molde de divorcio, división, delincuencia y todo lo que acompaña a la rotura de la familia. Si los cristianos no tienen familias que se mantienen unidas, hijos que sean criados en la disciplina y amonestación del Señor, padres y madres que se amen, y hogares centrados en Cristo, nunca podremos alcanzar el mundo con el evangelio. En cambio, si cultivamos estas cosas y las seguimos con toda decisión, el mundo se detendrá y se dará cuenta de nosotros y de nuestro Cristo.

NOTAS

INTRODUCCIÓN
1. John MacArthur, *The Family* (Chicago: Moody Press, 1981).

CAPÍTULO UNO: SOMBRA PARA NUESTROS HIJOS
1. Associated Press (30 de marzo de 1997).
2. *Milwaukee Journal Sentinel* (7 de julio de 1998).
3. Barbara Boyer, "Grossberg, Peterson Sent to Jail", *Philadelphia Inquirer* (10 de julio de 1998), p. 1.
4. Citado en la revista *Washingtonian,* agosto de 1986, y *Vogue,* septiembre de 1989.
5. Citado en el *Washington Post,* 13 de noviembre de 1993.
6. *Inhumane Society* (Fox Publications, s.f.)
7. David Cooper, *The Death of the Family* (Nueva York: Pantheon, 1971).
8. Kate Miller, *Sexual Politics* (Nueva York: Doubleday, 1970).
9. Hillary Clinton, *It Takes a Village* (Nueva York: Simon & Schuster, 1996).
10. *Pantagraphy* (20 de septiembre de 1970).
11. Gore Vidal, *Reflections Upon a Sinking Ship: A Collection of Essays* (Boston: Little, Brown, 1969), pp. 246-248.
12. *Matthew Henry's Commentary on the Whole Bible,* 6 vols. (Old Tappan, NJ: Revell, s.f.), 3:917.
13. Judith Rich Harris, *The Nurture Assumption: Why Children Turn Out the Way They Do* (Nueva York: Free Press, 1998).
14. *Ibíd.,* p. 351.

CAPÍTULO TRES: BUENAS NUEVAS PARA TUS HIJOS
1. Una versión similar de este bosquejo del evangelio se incluye en mi libro *Faith Works* [La fe funciona] (Dallas: Word, 1993), pp. 200-206. Los padres que deseen estudiar un enfoque sistemático de la doctrina bíblica de la salvación conseguirán mucha ayuda de dicho libro.
2. Véase Apéndice 1, "¿Quiere Jesús que yo brille?"
3. A. W. Tozer, *The Root of the Righteous* (Harrisburg, PA: Christian Publications, 1955), pp. 61-63.

CAPÍTULO CINCO: EL PRIMER MANDAMIENTO CON PROMESA
1. *Matthew Henry's Commentary on the Whole Bible*, 6 vols. (Old Tappan, NJ: Revell, s.f.), 6:716.
2. John MacArthur, *The Vanishing Conscience* (Dallas: Word, 1994).

CAPÍTULO SEIS: LA DISCIPLINA Y AMONESTACIÓN DEL SEÑOR
1. *Papyri Oxyrhynchus*, 4.744.
2. Haim Ginott, *Between Parent and Child* (Nueva York: Macmillan, 1965), p. 72.
3. Ted Tripp, *Shepherding a Child's Heart* (Wapwallopen, PA: Shepherd, 1995).
4. *Ibid.*, p. 39.
5. *Ibid.*, p. 20.
6. American Medical Association News Update, 13 de agosto de 1997.
7. Penelope Leach, "Spanking: A Shortcut to Nowhere", http://cnet.unbca/orgs/prevention_cruelty/spank.htm
8. Lynn Rosellini, "When to Spank"(*U.S. News and World Report*, 13 de abril de 1998). Este artículo se puede consultar en Internet en http://www.usnews.com/usnews/issue/980413/13span.htm.
9. *Ibíd.*
10. *Ibíd.*
11. Reseña por el psicólogo Robert E. Larzelere.
12. Cita de Kevin Ryan, director del Centro para el Avance de la Ética y del Carácter, *Nueva York Times*.
13. Mike A. Males, *The Scapegoat Generation: America's War on Adolescents* (Monroe, ME: Common Courage, 1996), p. 116.

14. Rosellini, *Ibíd.*

CAPÍTULO SIETE: EL PAPEL DEL PADRE
1. *Homilías sobre Efesios,* Homilía 20 (Ef. 5:25).

APÉNDICE 1:
¿QUIERE JESÚS QUE YO BRILLE?
1. Phil es director ejecutivo de *Grace to You* y ayuda en el proceso de redacción de la mayoría de mis libros.

APÉNDICE 2:
RESPUESTAS A DIVERSAS PREGUNTAS CLAVE ACERCA DE LA FAMILIA
1. *Unraveling Juvenile Delinquency* (Cambridge, MA: Harvard, 1950), pp. 257-271.

Gracias por escoger un libro de Editorial Portavoz. Esperamos que haya sido de bendición para su vida. En las próximas páginas encontrará una foto y un resumen de otros libros publicados por Portavoz por el mismo autor y/o acerca del mismo tema.

Para cualquier comentario, sugerencia o para más información del distribuidor de libros más cercano a usted, escríbanos a nuestra dirección electrónica: portavoz@portavoz.com

JOHN F. MACARTHUR

EL PODER DE LA INTEGRIDAD

978-0-8254-1468-8

978-0-8254-1508-1

Disponible en su librería cristiana favorita o en la internet: www.portavoz.com

PORTAVOZ
Otros libros de John MacArthur

JOHN F.
MACARTHUR

LA LIBERTAD Y EL PODER DEL PERDÓN

EL PODER DEL PERDÓN

978-0-8254-1469-5

Disponible en su librería cristiana favorita o en la internet: www.portavoz.com

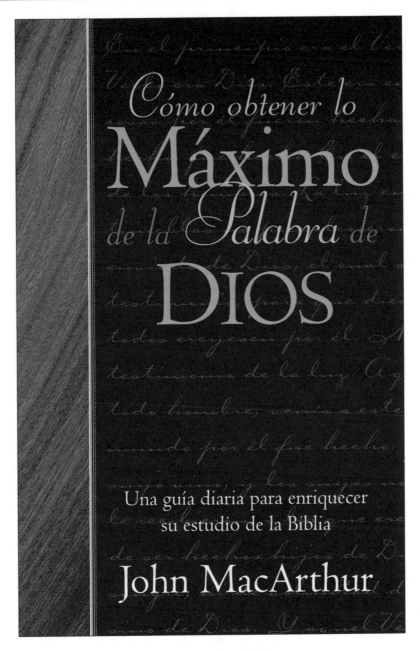

Cómo obtener lo
Máximo
de la Palabra de
DIOS

Una guía diaria para enriquecer
su estudio de la Biblia

John MacArthur

978-0-8254-1510-4

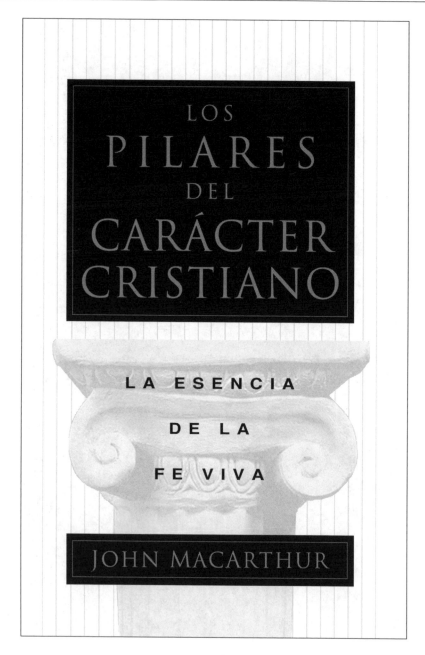

COMENTARIO MACARTHUR DEL NUEVO TESTAMENTO

GÁLATAS, EFESIOS

JOHN MACARTHUR

"Una joya poco común que incluye los aspectos exegéticos, teológicos, y expositivos. Escrita durante más de treinta y seis años, esta hazaña monumental refleja una amplitud y profundidad de gran valor espiritual".

RICHARD MAYHUE, doctor en Teología
Vicepresidente ejecutivo, *The Master's College and Seminary*

978-0-8254-1804-4

PORTAVOZ
Otros libros de John MacArthur

JOHN MACARTHUR

EL PODER DEL SUFRIMIENTO

Incluye una guía de estudio personal o en grupo

978-0-8254-1575-3

Disponible en su librería cristiana favorita o en la internet: www.portavoz.com

¿A QUIÉN PERTENECE el DINERO?

JOHN MACARTHUR

978-0-8254-1559-3

Disponible en su librería cristiana favorita o en la internet: www.portavoz.com

Guillermo D. Taylor

Sergio E. Mijangos, Psy.D.

PRÓLOGO DE EMILIO A. NÚÑEZ

La familia
Auténticamente
cristiana

978-0-8254-1702-3

La Biblia cronológica
F. LaGard Smith

UNA BIBLIA COMO NINGUNA OTRA
La Palabra de Dios en orden, tal como ocurrieron los hechos.
Esta presentación única de la Palabra de Dios en orden de acontecimientos nos ayuda a ver y entender con más claridad el plan redentor desde la creación hasta el Apocalipsis. Mediante el orden de sucesos, el creyente apreciará el plan de Dios para su vida como nunca antes. La lectura de la Biblia será más informativa y vibrante. Al ver la perspectiva global y cada parte individual en su contexto adecuado, el lector se sentirá a veces complacido, a veces sorprendido, y siempre edificado.

En *La Biblia cronológica* encontrará:
La versión Reina-Valera 1960
…la versión más utilizada de las Escrituras, una traducción respetada y fácil de entender.
Un arreglo histórico de cada libro de la Biblia
…permite comprender el plan redentor de Dios desde la creación hasta el Apocalipsis en el orden de los acontecimientos.
Comentarios devocionales
…para guiar al lector de pasaje en pasaje y preparar la escena con datos históricos y nuevas percepciones espirituales.
365 secciones de fácil lectura
…para leer toda la Palabra de Dios en un año.
Un enfoque temático de Proverbios y Eclesiastés
…para conocer aspectos concretos de la sabiduría de Dios.

ISBN: 978-0-8254-1635-4 / Tapa dura
ISBN: 978-0-8254-1609-5 / Deluxe

PORTAVOZ

NUESTRA VISIÓN

Maximizar el efecto de recursos cristianos de calidad que transforman vidas.

NUESTRA MISIÓN

Desarrollar y distribuir productos de calidad —con integridad y excelencia—, desde una perspectiva bíblica y confiable, que animen a las personas a conocer y servir a Jesucristo.

NUESTROS VALORES

Nuestros valores se encuentran fundamentados en la Biblia, fuente de toda verdad para hoy y para siempre. Nosotros ponemos en práctica estas verdades bíblicas como fundamento para las decisiones, normas y productos de nuestra compañía.

Valoramos la excelencia y la calidad
Valoramos la integridad y la confianza
Valoramos el mérito y la dignidad de los individuos
y las relaciones
Valoramos el servicio
Valoramos la administración de los recursos

Para más información acerca de nuestra editorial y los productos que publicamos visite nuestra página en la red: www.portavoz.com